職安一點通

職業安全衛生

業務主管

必勝5精選00

營造業
甲乙丙種適用
第二版

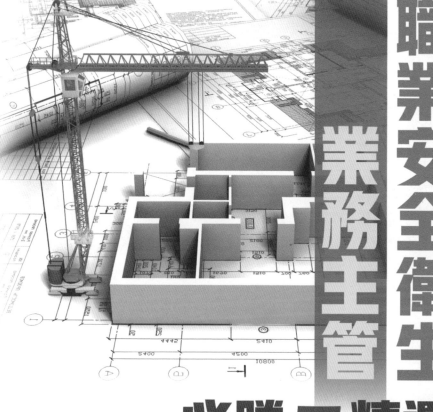

作者簡歷

蕭中剛

職安衛總複習班名師,人稱蕭技師為蕭大或方丈,是知名職業安全衛生 FB 社團「Hsiao 的工安部屋家族」版主、「Hsiao 的工安部屋」部落格版主,多年來整理及分享的考古題和考試技巧幫助無數考生通過職安考試。

✦ 學歷:健行科技大學工業工程與管理系

✦ 專業證照:工業安全技師、工礦衛生技師、通過多次職業安全管理甲級、職業衛生管理甲級及職業安全衛生管理乙級。

江軍

職安一點通、職安法規隨身讀系列書作者,具有跨領域專長及經驗(建築、土木、職安),目前服務於建設及營造集團擔任董事長特助,具有著作數十本並於許多大專院校及訓練機構擔任講師。

✦ 學歷:國立台灣科技大學建築系博士、英國劍橋大學環境設計碩士、國立台灣大學土木工程碩士

✦ 專業證照:職業安全管理甲級、營造工程管理甲級、建築工程管理甲級、職業安全衛生管理乙級、建築物公共安全檢查認可證、建築物室內裝修專業技術人員登記證、消防設備士、ISO 14046、ISO 50001 主導稽核員證照。

徐英洲

職業安全衛生 FB 社團「職業安全衛生論壇（考試／工作）」版主，不定期提供職安衛資訊包含職安人員職缺、免費宣導會、職安衛技術士參考題解等，目前服務於作業環境監測機構擔任環測技師。

- ✦ 學歷：明志科技大學五專部化學工程科
- ✦ 專業證照：職業衛生技師、工業安全技師、職業衛生管理甲級、職業安全管理甲級、職業安全衛生管理乙級、製程安全評估人員、施工安全評估人員、固定式起重機操作人員、移動式起重機操作人員、堆高機操作人員、ISO 45001 主導稽核員證照。

葉日宏

多年環安衛工作經驗，並通過專業講師訓練，曾於事業單位、安全衛生教育訓練機構及科技大學擔任職安衛課程講師。

- ✦ 學歷：國立中央大學環境工程研究所
- ✦ 專業證照：工業安全技師、職業安全管理甲級、職業衛生管理甲級、職業安全衛生管理乙級、乙級廢棄物清除（處理）技術員、甲級空氣污染防治專責人員、甲級廢水處理專責人員。

目錄

營造業業務主管電腦測驗概述及測驗流程簡介

營造業甲乙丙種職業安全衛生業務主管職務簡介與說明

　　為了讓事業單位能夠推動安全衛生管理，依據「職業安全衛生管理辦法」1-1 條，略以：「雇主應依其事業之規模、性質，設置安全衛生組織及人員，……，實現安全衛生管理目標，提升安全衛生管理水準」。其中，安全衛生人員，指事業單位內擬訂、規劃及推動安全衛生管理業務者，包括下列人員：

一、職業安全衛生業務主管。

二、職業安全管理師。

三、職業衛生管理師。

四、職業安全衛生管理員。

　　復依據「職業安全衛生管理辦法」，依危害風險之不同，事業單位區分為第一類事業（具顯著風險者，如紡織業、金屬基本工業或營造業）、第二類事業（具中度風險者，如農林漁牧業、餐旅業或批發零售業）及第三類事業（具低度風險者，第一類及第二類事業以外之事業），上開各款事業之示例請讀者參閱「職業安全衛生管理辦法」附表一，而事業單位之規模則指勞工人數，事業勞工人數之計算，包含原事業單位及其承攬人、再承攬人之勞工及其他受工作場所負責人指揮或監督從事勞動之人員，於同一期間、同一工作場所作業時之總人數，若事業設有總機構者，其勞工人數之計算，包含所屬各地區事業單位作業勞工之人數。

職業安全衛生領域相關證照有許多種，許多考生及讀者常分不清楚而無所適從，因此本節先加以簡單的介紹及說明，根據「職業安全衛生管理辦法」中附表二規定了各行各業應該要設置之職安全衛生管理人員如下：

各類事業之事業單位應置職業安全衛生管理人員表

事業		規模（勞工人數）	應置之管理人員
壹、第一類事業之事業單位（顯著風險事業）	營造業之事業單位	一、未滿 30 人者	丙種職業安全衛生業務主管。
		二、30 人以上未滿 100 人者	乙種職業安全衛生業務主管及職業安全衛生管理員各 1 人。
		三、100 人以上未滿 300 人者	甲種職業安全衛生業務主管及職業安全衛生管理員各 1 人。
		四、300 人以上未滿 500 人者	甲種職業安全衛生業務主管 1 人、職業安全（衛生）管理師 1 人及職業安全衛生管理員 2 人。
		五、500 人以上者	甲種職業安全衛生業務主管 1 人、職業安全（衛生）管理師及職業安全衛生管理員各 2 人以上。
	營造業以外之事業單位	一、未滿 30 人者	丙種職業安全衛生業務主管。
		二、30 人以上未滿 100 人者	乙種職業安全衛生業務主管。
		三、100 人以上未滿 300 人者	甲種職業安全衛生業務主管及職業安全衛生管理員各 1 人。
		四、300 人以上未滿 500 人者	甲種職業安全衛生業務主管 1 人、職業安全（衛生）管理師及職業安全衛生管理員各 1 人。
		五、500 人以上未滿 1,000 人者	甲種職業安全衛生業務主管 1 人、職業安全（衛生）管理師 1 人及職業安全衛生管理員 2 人。
		六、1,000 人以上者	甲種職業安全衛生業務主管 1 人、職業安全（衛生）管理師及職業安全衛生管理員各 2 人以上。

事業	規模（勞工人數）	應置之管理人員
貳、第二類事業之事業單位（中度風險事業）	一、未滿 30 人者	丙種職業安全衛生業務主管。
	二、30 人以上未滿 100 人者	乙種職業安全衛生業務主管。
	三、100 人以上未滿 300 人者	甲種職業安全衛生業務主管。
	四、300 人以上未滿 500 人者	甲種職業安全衛生業務主管及職業安全衛生管理員各 1 人。
	五、500 人以上者	甲種職業安全衛生業務主管、職業安全（衛生）管理師及職業安全衛生管理員各 1 人以上。
參、第三類事業之事業單位（低度風險事業）	一、未滿 30 人者	丙種職業安全衛生業務主管。
	二、30 人以上未滿 100 人者	乙種職業安全衛生業務主管。
	三、100 人以上未滿 500 人者	甲種職業安全衛生業務主管。
	四、500 人以上者	甲種職業安全衛生業務主管及職業安全衛生管理員各 1 人。

其中，營造業之事業單位對於橋梁、道路、隧道或輸配電等距離較長之工程，應於每 10 公里內增置營造業丙種職業安全衛生業務主管 1 人。另外，第一類事業之事業單位勞工人數在 100 人以上者，所置管理人員應為專職；第二類事業之事業單位勞工人數在 300 人以上者，所置管理人員應至少 1 人為專職。上述所置專職管理人員，應常駐廠場執行業務，不得兼任其他法令所定專責（任）人員或從事其他與職業安全衛生無關之工作。

職業安全衛生業務主管分為「甲種、乙種、丙種」，主要差異在於事業單位規模不同所需要不同等級的證照，記住喔！他是甲種並非甲級，許多考生常常分不清其中差異。除此之外更分為「營造業」和「非營造業」（或稱為一般業），營造業的證照名稱前面會加上「營造業」，像是「營造業甲種職業安全衛生業務主管」，非營造業只有「甲種職業安全衛生業務主管」。實務上，由於事業單位工作的範圍並不僅限於工廠內或營造工地內，考量到營造工地工作環境

複雜，若非有營造實務經驗，難以在營造有關事業內實施安全衛生管理，所以需要設置「營造業甲種職業安全衛生業務主管」。

大致而言，事業單位之規模未滿 30 人的都是適用「丙種」職業安全衛生業務主管，「甲種」則是適用 100 人以上。

無論規模及性質，各事業單位必須置 1 人以上的職業安全衛生業務主管，職業安全衛生業務主管是雇主非常重要的幕僚人員，更是事業單位安全衛生管理的幕後推手，職安衛管理人員工作的內容差異如下：

職安衛管理人員種類	設置狀況	法定責任
職業安全衛生業務主管	未置有職業安全（衛生）管理師、職業安全衛生管理員事業單位之職業安全衛生業務主管	**擬訂、規劃**及**推動**安全衛生管理事項。
	置有職業安全（衛生）管理師、職業安全衛生管理員事業單位之職業安全衛生業務主管	**主管**及**督導**安全衛生管理事項。
職業安全（衛生）管理師、職業安全衛生管理員	**擬訂、規劃**及**推動**安全衛生管理事項，並**指導**有關部門實施。	

由上表可知，職業安全衛生業務主管的職責為擬訂、規劃、推動或主管及督導安全衛生管理事項，並由工作場所負責人及各級主管依職權指揮、監督所屬執行、協調及指導有關人員實施，責任重大。

營造業職業安全衛生業務主管之選任，依「職業安全衛生管理辦法」第 7 條第 1 項：「職業安全衛生業務主管除第 4 條規定者外，雇主應自該事業之相關主管或辦理職業安全衛生事務者選任之。但營造業之事業單位，應由曾受營造業職業安全衛生業務主管教育訓練者選任之。」其中，所謂接受營造業職業安全衛生業務主管教育訓練，須依「職業安全衛生教育訓練規則」第 4 條：「雇主對擔任營造業職業安全衛生業務主管之勞工，應於事前使其接受營造業職業安全衛生業務主管之安全衛生教育訓練。雇主或其代理人擔任營造業職業安全衛生業務主管者，亦同。前項教育訓練課程及時數依附表二之規定。」上開規則附表二內容如下：

大項	分項	營造業甲種職業安全衛生業務主管教育訓練課程及時數（42 小時）	營造業乙種職業安全衛生業務主管教育訓練課程及時數（35 小時）	營造業丙種職業安全衛生業務主管教育訓練課程及時數（26 小時）
法規與通識	一	企業經營風險與安全衛生（含組織協調與溝通）2 小時	企業經營風險與安全衛生（含組織協調與溝通）2 小時	-
	二	職業安全衛生相關法規（含職業安全衛生法、勞動檢查法、職業災害勞工保護法、職業安全衛生設施規則、職業安全衛生管理辦法等相關法規）5 小時	職業安全衛生相關法規（含職業安全衛生法、勞動檢查法、職業災害勞工保護法、職業安全衛生設施規則、職業安全衛生管理辦法等相關法規）3 小時	職業安全衛生相關法規（含職業安全衛生法、勞動檢查法、職業災害勞工保護法、職業安全衛生設施規則、職業安全衛生管理辦法等相關法規）2 小時
	三	營造安全衛生設施標準 4 小時	營造安全衛生設施標準 3 小時	營造安全衛生設施標準 2 小時
	四	職業安全衛生概論 3 小時	職業安全衛生概論 2 小時	-
營造業管理制度	一	營造業職業安全衛生管理系統（含管理計畫及管理規章）3 小時	職業安全衛生管理計畫 2 小時	職業安全衛生管理計畫 1 小時
	二	施工風險評估（含工程設計及施工規劃階段）4 小時	施工風險評估（含工程設計及施工規劃階段）3 小時	施工風險評估（含工程設計及施工規劃階段）2 小時
	三	營造業承攬管理（含採購管理及變更管理）3 小時	營造業承攬管理（含採購管理）2 小時	營造業承攬管理 1 小時
營造業管理實務（含職災案例研討）	一	工法安全介紹（含建築工程、橋梁工程、隧道工程等）3 小時	工法安全介紹（含建築工程、橋梁工程、隧道工程等）3 小時	工法安全介紹（含建築工程、橋梁工程、隧道工程等）3 小時
	二	倒塌崩塌危害預防管理實務（含施工架、支撐架、擋土設施等假設工程安全）3 小時	倒塌崩塌危害預防管理實務（含施工架、支撐架、擋土設施等假設工程安全）3 小時	倒塌崩塌危害預防管理實務（含施工架、支撐架、擋土設施等假設工程安全）3 小時
	三	墜落危害預防管理實務（含施工架、鋼構、屋頂、模板支撐等高處作業防護）2 小時	墜落危害預防管理實務（含施工架、鋼構、屋頂、模板支撐等高處作業防護）2 小時	墜落危害預防管理實務（含施工架、鋼構、屋頂、模板支撐等高處作業防護）2 小時

大項	分項	營造業甲種職業安全衛生業務主管教育訓練課程及時數（42 小時）	營造業乙種職業安全衛生業務主管教育訓練課程及時數（35 小時）	營造業丙種職業安全衛生業務主管教育訓練課程及時數（26 小時）
營造業管理實務（含職災案例研討）	四	施工機械設備安全管理實務（含起重升降機具、高空工作車管理）2 小時	施工機械設備安全管理實務（含起重升降機具、高空工作車管理）2 小時	施工機械設備安全管理實務（含起重升降機具、高空工作車管理）2 小時
	五	感電危害預防管理實務 2 小時	感電危害預防管理實務 2 小時	感電危害預防管理實務 2 小時
	六	物體飛落等危害預防管理實務 2 小時	物體飛落等危害預防管理實務 2 小時	物體飛落等危害預防管理實務 2 小時
	七	火災爆炸危害預防管理實務 1 小時	火災爆炸危害預防管理實務 1 小時	火災爆炸危害預防管理實務 1 小時
	八	職業病預防管理實務（含缺氧、局限空間、高氣溫及人因性危害）2 小時	職業病預防管理實務（含缺氧、局限空間、高氣溫及人因性危害）2 小時	職業病預防管理實務（含缺氧、局限空間、高氣溫及人因性危害）2 小時
	九	職業災害調查處理與統計 1 小時	職業災害調查處理與統計 1 小時	職業災害調查處理 1 小時

　　主管機關勞動部對職業安全衛生訓練職類以「職業安全衛生教育訓練規則」為架構，自 102 年 1 月 1 日起已將甲種職業安全衛生業務主管安全衛生教育訓練（含營造業），修訂結訓時須採電腦化測驗方式進行。另於 103 年 1 月 1 日起將乙丙種職業安全衛生業務主管安全衛生教育訓練（含營造業）也修改為電腦化測驗。而以上測驗都是採用四選一的選擇題的方式電腦上機考試，考試期間將測驗 80 題由電腦連線抽題，但題庫並不公開，這樣的考試也跟部分的作業主管測驗類似。

　　「電腦化測驗」是目前職業安全衛生訓練結訓測驗的趨勢，因為考試方式不同，各有其效果與方便，只是在不同的考試方式中會有不公平的聲音，所以主管機關為達到公平一致性，也可提升考試的效率，也將會逐步的將測驗電腦化，如前文所述，目前職業安全衛生業務主管（含營造業）考試，都是透過「電腦化測驗」的考試模式來進行。

綜上之內容可以發現，營造業甲乙丙種職業安全衛生業務主管訓練內容皆包含法規、管理制度與專業實務課程，本書之編撰即採用此架構編寫，精選必考之 500 題精華題目，將各個章節考題分門別類後撰寫詳細解析，提供最輕薄且最精華的內容，幫助考生能在這樣的架構下便於學習，並可作為每單元之課後練習，在準備考試上更能無往不利！

營造業甲乙丙種職業安全衛生業務主管電腦化結訓測驗簡介

一般而言，學員參加課程結束之後，訓練單位即會安排電腦測驗，每年的測驗時程通常在職業安全衛生教育訓練暨電腦測驗資訊網（https://trains.osha.gov.tw/Default.aspx）也可以查詢，而考生只需要配合訓練單位的規劃即可，接著會收到一張准考證，上面會記載個人資訊以及測驗時間地點，只需要細讀本書，在測驗當天到考場參加測驗即可，另外記得要攜帶個人身分證件喔！

測驗時採一位考生一台電腦的方式，中間會有隔板，一開始會有幾分鐘的介面導覽，除此之外會有 3 分鐘的練習題時間，會有比照正式測驗的練習介面供考生練習（不計分），練習完後即可正式開始測驗，測驗時間為 100 分鐘，正式測驗 15 分鐘內不得提前結束測驗，測驗介面如下示意圖：

職業安全衛生教育訓練暨管理職類測驗

姓名：

准考證號碼：

測驗名稱：營造業甲種職業安全衛生主管教育訓練

放大字型　縮小字型　剩餘時間： 24：30

提前結束測驗

下一題　　上一題　　取消作答

查詢未作答題號　　到第 □ 題

1. 對勞工於高差超過多少公尺以上之場所作業時，應設置能使勞工安全上下之設備？

◯ (1)1.5

◯ (2)0.5

◯ (3)1.3

◯ (4)1

已上傳答題數：80（完整為 80 題）

測驗結束後會當場收到一張 A4 成績單顯示各單元得分比例以及分數。通常需繳交證照費用後由訓練單位統一製發證照（有的則是當場幾小時後發放）。除此之外未來亦可於網站中查詢訓練成績以及訓練紀錄，請至職業安全衛生教育訓練暨電腦測驗資訊網之成績查詢（https://trains.osha.gov.tw/Default.aspx）。

職業安全衛生教育訓練管理職類結訓測驗

成績單

測驗單位：
測驗職類：甲種職業安全衛生業務主管安全衛生教育訓練　　測驗日期：
姓　　名：　　　　　　　　　　　　　　　身分證統一編號：
場次座號：　　　　　　　　　　　　　　　准考證號碼：

及格分數：60/100　　　　　　原始分數：76.25/100　　　　　成績：及格

工作項目	正確率(正確題數/抽題數)		得分
01企業經營風險與安全衛生		(75%)	3.75
02職業安全衛生相關法規		(75%)	7.5
03職業安全衛生概論		(67%)	5
04職業安全衛生管理系統介紹		(83%)	6.25
05風險評估		(83%)	6.25
06承攬管理		(100%)	5
07採購管理		(83%)	6.25
08緊急應變管理		(50%)	2.5
09墜落危害預防管理實務		(50%)	2.5
10機械安全管理實務		(100%)	5
11火災爆炸預防管理實務		(75%)	3.75
12電氣危害預防管理實務		(100%)	5
13倒塌崩塌危害預防管理實務		(100%)	2.5
14化學性危害預防管理實務		(50%)	3.75
15物理性危害預防管理實務		(75%)	3.75
16健康管理與健康促進		(75%)	3.75
17職業災害調查處理與統計		(75%)	3.75

原始分數	扣考	扣分	成績修改原因	實得分數
76.25	N	N		76.25

說明：　一、台端參加**職業安全衛生教育訓練管理職類結訓測驗**，成績評定如上表。
　　　　二、台端對上述測驗成績如有異議，應於測驗當日取得成績單後十日內向測驗單位(**中國勞工安全衛生管理學會附設台北職業訓練中心**)申請複查，以一次為限。
　　　　三、依規定成績(六十分含以上)及格。本通知單請妥為保存。

測驗後成績單樣本

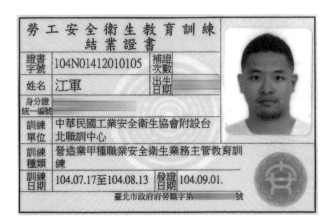

證書樣本

　　至此，恭喜各位考生順利通過考試，也期待您更上一層樓，未來不論是乙級、甲級，職安類公務人員或是國營事業，甚至技師考試，職安一點通系列叢書會是您在職安衛類相關考試的好幫手！

法規與通識

1-1 企業經營風險與安全衛生 甲 乙 丙
(含組織協調與溝通)

01

(4) 下列哪一個項目是構成組織溝通協調之阻力？
① 高階主管的支持與認同　　② 相似的資源目標及需要
③ 利益大於成本　　　　　　④ 專業訓練互異，缺乏共同語言

解析　主管的支持絕對是組織溝通最重要的第一個要素，除此之外若效益明顯大於成本，以及具有相同的目標，具有同樣的專業背景與溝通語言也是有利於溝通與協調。

02

(1) 事業單位對勞動檢查結果，依現行勞動法令規定，應於下列何種場所顯明易見處公告 7 日以上？
① 違規場所
② 辦公場所
③ 勞動場所
④ 營業場所

解析　依據「勞動檢查法」第 25 條第 2 項：
事業單位對檢查結果，應於違規場所顯明易見處公告 7 日以上。

03

(1) 部屬對上司的溝通屬於下列何種情況？
　①角色地位不同　　　　　　②用小人之心，度君子之腹
　③利益衝突　　　　　　　　④主觀猜測

解析　溝通協調，是從業人員必修的課程，只要有人的地方，就存在溝通與協調的課題，角色與地位不同的溝通特別常見，尤其常見於部門中下對上或是跨部門之間的溝通。

04

(1) 口語、文字、態度、觀念或習慣等認知差異均造成影響溝通的因素，下列何者屬口語因素？
　①話不投機半句多　　　　　②道不同，不相為謀
　③臭氣相投　　　　　　　　④井水不犯河水

解析　道不同不相為謀、臭氣相投與井水不犯河水皆屬於個性與觀念上的落差，口語因素主要減少習慣性的口語表達及心理的防衛性，並能有效的喚起自己的創造能力、自發性和想像力，話不投機而不說話屬於口語因素。

05

(1) 下列何者非組織衝突之起因？
　①資源分配平均　　　　　　②職掌、權責等不明確
　③權力與利益遭受瓜分　　　④溝通不良

解析　組織因素：與組織有關的衝突來源包括 1.組織的規模與資源：當組織愈龐大，活動愈特殊，因為資源的分配不均衝突產生的可能性愈大。2.職掌與權責界定：當職責界定愈含糊，則衝突產生的可能性愈高。3.領導型態：採取參與式領導，鼓勵不同意見的表達，可能會助長衝突。4.權責不明確：主要發生在直屬主管與員工之間，若主管沒有作為與擔當，或部屬表現怠惰都可能造成彼此的衝突。

06

（ 2 ） 下列何者因素不致造成組織的衝突？
①異議　　　　　　　　②共識
③對立　　　　　　　　④難容

解析　衝突是無所不在的，因為兩個以上的關聯主體因為不和諧所造成的
狀態，常因為異議、對立、難容造成破壞組織和諧與溝通上的困
難。

07

（ 1 ） 依現行職業安全衛生法令規定，事業單位以其事業招人承攬時，其
承攬人就承攬部分負何項法定責任？
①雇主　　　　　　　　②代位求償
③財產保險　　　　　　④工程如期完工

解析　依據「職業安全衛生法」第 25 條第 1 項：
事業單位以其事業招人承攬時，其承攬人就承攬部分負本法所定雇
主之責任。

08

（ 4 ） 下列何者為成員共享的安全價值，信念與規範，表徵於個人及組織
的行動與態度、政策及程序等過程，強調成員共享的安全知覺？
①職業災害調查　　　　②職業安全衛生管理計畫
③自動檢查計畫　　　　④安全文化

解析　安全文化定義於組織成員的行事風格與做事習慣。反映出員工所共
同享有的安全態度、信念、知覺和價值及明確的安全衛生參考。

09

(3) 上包商參與工程競標時，為壓低標價或便宜行事，往往將安全衛生管理經費的編列為哪一種計算方式？
① 轉嫁下包商分攤　　　　② 量化計量計價
③ 一式計價　　　　　　　④ 自行吸收

解析　各項工程所需安全衛生費用常採量化及一式方式併列。固定性及常態性之安全衛生設施，所需費用採量化方式編列；無法量化及活動性之設施則採一式編列。目前政府發包工程多數工程契約未明列「安全衛生管理費」詳細工作項目，僅採「乙式」方式概估經費，承包商對於設計階段難以精準量化，而採一式計價之總價結算工項。

10

(3) 組織中之安全溝通與協調方式，下列何者不是有效的溝通原則？
① 就事論事不攻訐別人　　② 設身處地運用同理心
③ 以統御命令式口氣指導　④ 心胸開放不預設立場

解析　以下是常見的溝通原則：主管具有包容與解決問題的責任與義務、針對特別狀況個別溝通處理、運用同理心站在對方角度思考問題、建立企業倫理的問題反映管道、以正式會議協調，並做書面紀錄、先不要有預設立場，抱持開放態度、具有明確的制度與流程、就事論事不要針對特定人員、注意獎罰及組織紀律、重視組織溝通的時效等等。

11

(3) 下列何者非有效溝通的基本原則？
① 設身處地　　　　　　　② 心胸開放
③ 固執己見　　　　　　　④ 就事論事

解析 　為了人與人之間能夠有效的溝通，必須雙方彼此能夠在同一個平面上，因此如果能**設身處地為對方著想**，更容易獲得認同。**以開放的心胸**看待一件事會獲得別人的尊重，絕對比固執己見來的好。另外對待事件的處理必須能夠同一套標準並且**就事論事**，溝通起來比較容易進行。

12

（ 4 ） 使勞工於夏季期間從事戶外作業，為防範高氣溫環境引起之熱疾病，應採取下列危害預防措施何者為非？
　①提供陰涼之休息場所　　　　②提供適當之飲料或食鹽水
　③增加作業場所巡視之頻率　　④於工具箱會議宣導即可

解析 　根據「職業安全衛生設施規則」第 324-6 條：

雇主使勞工從事戶外作業，為防範環境引起之熱疾病，應視天候狀況採取下列危害預防措施：

一、降低作業場所之溫度。

二、提供陰涼之休息場所。

三、提供適當之飲料或食鹽水。

四、調整作業時間。

五、增加作業場所巡視之頻率。

六、實施健康管理及適當安排工作。

七、採取勞工熱適應相關措施。

八、留意勞工作業前及作業中之健康狀況。

九、實施勞工熱疾病預防相關教育宣導。

十、建立緊急醫療、通報及應變處理機制。

13

（ 4 ） 安全衛生教育訓練之時機，與下列何者無關？
① 士氣低落意外事故頻傳時 ② 組織或職掌有變更時
③ 增辦業務或推行新工作時 ④ 薪資調整時

| 解析　安全衛生教育訓練之目的在於預防職業災害之發生，故當勞工工作士氣低落時、意外事故頻傳時、組織或職掌有變更時、額外增加業務或新工作時皆有可能增加職業災害發生之機率，故上述情況為安全衛生教育訓練最佳的時機。

14

（ 2 ） 人性化管理組織注重隨時設身處地站在對方立場思考問題，而不是嚴守本身立場，所以大家容易溝通，此種為下列何種溝通方式？
① 威權式 ② 同理心
③ 指揮式 ④ 高壓式

| 解析　由於現在國民普遍知識水準提升，過去那種威權式的、指揮式的溝通已經不合時宜了，人性化管理組織應推動同理心式的溝通，隨時站在別人的立場替他人著想，而不是固執己見阻斷溝通管道。

15

（ 2 ） 下列何者涉及營造業特有之施工風險因素？
① 政黨輪替
② 施工變異性高，工地作業危害性大
③ 法規變動頻繁
④ 經濟不景氣

| 解析　我國營造業職災死亡人數居高不斷，主要原因是與營造業之多樣性、多變性、複雜性、多重性、承攬性及勞工的流動性有關。

16

（ 1 ） 依據馬斯洛 (Maslow) 人類需求層次理論，包括 a. 尊重需求；b. 安
全需求；c. 自我實現需求；d. 生理需求；e. 社會需求，試問其先
後順序為何？
① d-b-e-a-c　　　　　　② b-d-a-e-c
③ d-b-a-e-c　　　　　　④ c-e-a-b-d

解析　　馬斯洛（Maslow）需求層次理論依序為：

生理需求→安全需求→社會需求→尊重需求→自我實現需求。

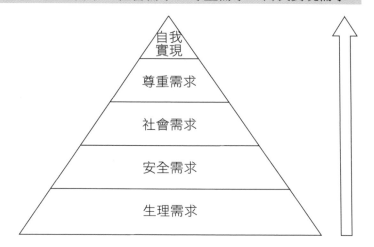

17

（ 3 ） 溝通的過程模式之流程包含：a. 解碼；b. 編碼；c. 管道；d. 接收
者；e. 傳送者，其正確的流程排列為何者？
① a-b-c-d-e　　　　　　② b-c-a-d-e
③ e-b-c-a-d　　　　　　④ e-c-a-b-d

解析　　溝通過程模式之流程如下：

18

（ 2 ） 依據職業災害骨牌理論，企業發生職業災害的原因與結果包含：
a. 職業災害；b. 事故；c. 基本原因；d. 直接原因；e. 間接原因，
其正確的流程排列為何者？

① a-b-c-d-e　　　　　　② c-e-d-b-a

③ d-e-a-b-c　　　　　　④ b-c-d-e-a

│解析 職業災害骨牌理論：只要前面三個骨牌維持不倒或將其中一個抽離，
企業經營就不會有事故發生，也因此不會造成後面的職業災害。

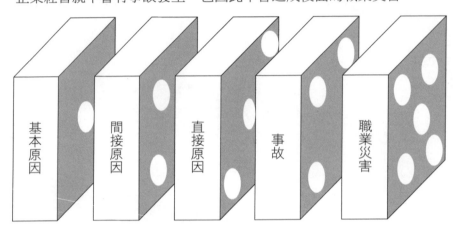

職業災害骨牌理論

19

（ 2 ） 與人相處發生衝突時，宜採取下列何者措施？

①要求別人尊重自己的意見和感受

②思考各種解決方式

③提出破壞性的批評

④惡言相向、提高聲勢

│解析 遇到衝突事件時，最忌言語或行為上刺激到對方，讓事態擴大到更
嚴重的地步，因此應思考各種解決方案，而不是衍生出負面的效
果。

20

（ 2 ） 刺激員工工作動機係下列何者之主要功能？
　　　①資訊流通　　　　　　　②激勵
　　　③控制　　　　　　　　　④情感

| **解析** 　利用激勵士氣的方式，可以刺激員工努力工作。

21

（ 4 ） 下列何者非意外災害發生的間接原因？
　　　①未提供安全設備　　　　②未提供安全防護具
　　　③未依標準作業程序操作　　④安全衛生管理不善

| **解析** 　間接原因：未提供安全設備、未提供安全防護具、未依標準作業程
序操作。

　　　　基本原因：安全衛生管理不善。

22

（ 1 ） 溝通協調可以活化安全教育成效，比課堂上的講授更具功效，下列
　　　何者非溝通協調之主要目的？
　　　①安全器材　　　　　　　②安全協調
　　　③安全會議　　　　　　　④安全訪談

| **解析** 　組織中的溝通協調必須是人與人之間雙向的溝通，安全器材僅提供
作業人員的保護，而無法達到溝通、教育的成效。

1-2 職業安全衛生相關法規

(含職業安全衛生法、勞動檢查法、職業災害勞工保護法、職業安全衛生設施規則、職業安全衛生管理辦法等相關法規)

01

(4) 依據「重體力勞動作業勞工保護措施標準」規定，下列何者不屬於重體力勞動作業？

① 於管道推進隧道內，進行坑內人力搬運作業

② 以人力拌合混凝土之作業

③ 以人力將袋裝水泥自室外逐一搬運至室內

④ 於潛盾隧道內，以環片組立機作業

解析 依據「重體力勞動作業勞工保護措施標準」第 2 條：

本標準所定重體力勞動作業，指下列作業：

一、以人力搬運或揹負重量在 40 公斤以上物體之作業。

二、以站立姿勢從事伐木作業。

三、以手工具或動力手工具從事鑽岩、挖掘等作業。

四、坑內人力搬運作業。

五、從事薄板壓延加工，其重量在 20 公斤以上之人力搬運作業及壓延後之人力剝離作業。

六、以 4.5 公斤以上之鎚及動力手工具從事敲擊等作業。

七、站立以鏟或其他器皿裝盛 5 公斤以上物體做投入與出料或類似之作業。

八、站立以金屬棒從事熔融金屬熔液之攪拌、除渣作業。

九、站立以壓床或氣鎚等從事 10 公斤以上物體之鍛造加工作業，且鍛造物必須以人力固定搬運者。

十、鑄造時雙人以器皿裝盛熔液其總重量在 80 公斤以上或單人搖金屬熔液之澆鑄作業。

十一、以人力拌合混凝土之作業。

十二、以人工拉力達 40 公斤以上之纜索拉線作業。

十三、其他中央主管機關指定之作業。

依據上述，於潛盾隧道內，以環片組立機作業，非屬於重體力勞動作業。

02

（ 1 ）下列何者不屬於「職業安全衛生教育訓練規則」之營造作業主管？
①高壓室內作業主管 ②屋頂作業主管
③施工架組配作業主管 ④隧道等挖掘作業主管

解析 依據「職業安全衛生教育訓練規則」第 10 條第 1 項：

雇主對擔任下列作業主管之勞工，應於事前使其接受營造作業主管之安全衛生教育訓練：

一、擋土支撐作業主管。

二、露天開挖作業主管。

三、模板支撐作業主管。

四、隧道等挖掘作業主管。

五、隧道等襯砌作業主管。

六、施工架組配作業主管。

七、鋼構組配作業主管。

八、屋頂作業主管。

九、其他經中央主管機關指定之人員。

「高壓室內作業主管」是屬於「有害作業主管」中的一種。

03

（ 1 ） 下列何者不屬於職業安全衛生相關法規？

①道路交通安全規則 　　　　②起重升降機具安全規則

③職業安全衛生設施規則 　　④營造安全衛生設施標準

┃解析 依據「起重升降機具安全規則」、「職業安全衛生設施規則」及「營造安全衛生設施標準」第 1 條所示：

本規則（標準）依「職業安全衛生法」第 6 條第 3 項規定訂定之。

因此，上述法規屬於職業安全衛生相關法規。

另依據「道路交通安全規則」第 1 條所示：

本規則依「道路交通管理處罰條例」第 92 條第 1 項規定訂定之。

因此可知，「道路交通安全規則」並不屬於職業安全衛生相關法規。

04

（ 2 ） 依「職業安全衛生設施規則」規定，對於雇主為金屬之熔接、熔斷或加熱等作業所須使用可燃性氣體及氧氣之容器，下列敘述何者錯誤？

①容器不得設置於通風或換氣不充分之場所

②容器應橫放，便於地面滾動

③容器使用時，應留置專用板手於容器閥柄上

④保持容器之溫度於攝氏 40 度以下

┃解析 依據「職業安全衛生設施規則」第 190 條：

對於雇主為金屬之熔接、熔斷或加熱等作業所須使用可燃性氣體及氧氣之容器，應依下列規定辦理：

一、容器不得設置、使用、儲藏或放置於下列場所：

　　（一）通風或換氣不充分之場所。

　　（二）使用煙火之場所或其附近。

（三）製造或處置火藥類、爆炸性物質、著火性物質或多量之易燃性物質之場所或其附近。

二、保持容器之溫度於攝氏 40 度以下。

三、容器應直立穩妥放置，防止傾倒危險，並不得撞擊。

四、容器使用時，應留置專用板手於容器閥柄上，以備緊急時遮斷氣源。

五、搬運容器時應裝妥護蓋。

六、容器閥、接頭、調整器、配管口應清除油類及塵埃。

七、應輕緩開閉容器閥。

八、應清楚分開使用中與非使用中之容器。

九、容器、閥及管線等不得接觸電焊器、電路、電源、火源。

十、搬運容器時，應禁止在地面滾動或撞擊。

十一、自車上卸下容器時，應有防止衝擊之裝置。

十二、自容器閥上卸下調整器前，應先關閉容器閥，並釋放調整器之氣體，且操作人員應避開容器閥出口。

05

（ 1 ） 依「職業安全衛生設施規則」規定，雇主對於從事灌注、卸收或儲藏危險物於槽車等作業，下列敘述何者錯誤？
① 使用槽車從事灌注作業前，槽車之引擎不應熄火
② 作業結束後，確認不致因引擎啟動而發生危害後，始得發動
③ 使用槽車從事灌注作業前，應設置適當之輪擋
④ 使用軟管從事可燃性氣體之灌注時，應事先確定軟管結合部分已確實連接牢固

┃解析 依據「職業安全衛生設施規則」第 186 條：

雇主對於從事灌注、卸收或儲藏危險物於化學設備、槽車或槽體等作業，應依下列規定辦理：

一、使用軟管從事易燃液體或可燃性氣體之灌注或卸收時，應事先確定軟管結合部分已確實連接牢固始得作業。作業結束後，應確認管線內已無引起危害之殘留物後，管線始得拆離。

二、從事煤油或輕油灌注於化學設備、槽車或槽體等時，如其內部有汽油殘存者，應於事前採取確實清洗、以惰性氣體置換油氣或其他適當措施，確認安全狀態無虞後，始得作業。

三、從事環氧乙烷、乙醛或 1.2. 環氧丙烷灌注時，應確實將化學設備、槽車或槽體內之氣體，以氮、二氧化碳或氦、氬等惰性氣體置換之。

四、使用槽車從事灌注或卸收作業前，槽車之引擎應熄火，且設置適當之輪擋，以防止作業時車輛移動。作業結束後，並確認不致因引擎啟動而發生危害後，始得發動。

06

（ 3 ）依「職業安全衛生設施規則」規定，下列何者非屬可燃性氣體？
①氫　　　　　　　　　　②乙炔
③乙醚　　　　　　　　　④丙烷

解析　依據「職業安全衛生設施規則」第 15 條：

本規則所稱可燃性氣體，指下列危險物：

一、氫。

二、乙炔、乙烯。

三、甲烷、乙烷、丙烷、丁烷。

四、其他於 1 大氣壓下、攝氏 15 度時，具有可燃性之氣體。

07

（ 4 ）依「勞工健康保護規則」之規定，下列何者不是特別危害健康之作業？
①噪音作業　　　　　　　②粉塵作業
③高溫作業　　　　　　　④高架作業

解析 依據「勞工健康保護規則」第 2 條：

特別危害健康作業指「職業安全衛生法施行細則」第 28 條規定之作業如下列：

一、高溫作業。

二、噪音作業。

三、游離輻射作業。

四、異常氣壓作業。

五、鉛作業。

六、四烷基鉛作業。

七、粉塵作業。

八、有機溶劑作業，經中央主管機關指定者。

九、製造、處置或使用特定化學物質之作業，經中央主管機關指定者。

十、黃磷之製造、處置或使用作業。

十一、聯吡啶或巴拉刈之製造作業。

十二、其他經中央主管機關指定公告之作業。

08

（ 4 ） 雇主對於從事氯乙烯作業勞工之特殊健檢紀錄，依「勞工健康保護規則」規定，最少應保存多少年？

① 3 　　　　　　　　　② 7

③ 10 　　　　　　　　 ④ 30

解析 依據「勞工健康保護規則」第 20 條：

從事下列作業之各項特殊體格（健康）檢查紀錄，應至少保存 30 年：

一、游離輻射。

二、粉塵。

三、三氯乙烯及四氯乙烯。

四、聯苯胺與其鹽類、4- 胺基聯苯及其鹽類、4- 硝基聯苯及其鹽類、β - 萘胺及其鹽類、二氯聯苯胺及其鹽類及 α - 萘胺及其鹽類。

五、鈹及其化合物。

六、氯乙烯。

七、苯。

八、鉻酸與其鹽類、重鉻酸及其鹽類。

九、砷及其化合物。

十、鎳及其化合物。

十一、1,3- 丁二烯。

十二、甲醛。

十三、銦及其化合物。

十四、石綿。

十五、鎘及其化合物。

由於本規則第 20 條所列之作業有致癌性或毒性，故各項特殊體格（健康）檢查紀錄應保存 30 年。

09

（ 2 ）　依「起重升降機具安全規則」規定，起重機之使用，不得超過下列何項限制？

① 平均荷重　　　　　　　② 額定荷重
③ 積載荷重　　　　　　　④ 標準荷重

│解析　依據「起重升降機具安全規則」第 10 條：

雇主對於固定式起重機之使用，不得超過額定荷重。

依據「起重升降機具安全規則」第 23 條：

雇主對於移動式起重機之使用，不得超過額定荷重。

10

（ 4 ） 依「職業安全衛生法」規定，勞工受僱前應接受何種檢查以便分配適當的工作？
①靈敏度檢查 　　　　　　　②適性檢查
③心理檢查 　　　　　　　　④體格檢查

解析 依據「職業安全衛生法」第 20 條第 1 項：

雇主於僱用勞工時，應施行 體格檢查 ；對在職勞工應施行下列健康檢查：

一、一般健康檢查。

二、從事特別危害健康作業者之特殊健康檢查。

三、經中央主管機關指定為特定對象及特定項目之健康檢查。

11

（ 3 ） 依「職業安全衛生管理辦法」規定，下列何者非屬自動檢查之內容？
①機械之定期檢查 　　　　　②機械、設備之重點檢查
③勞工健康檢查 　　　　　　④機械、設備之作業檢點

解析 依據「職業安全衛生管理辦法」之第四章自動檢查包含如下列：

第一節　 機械之定期檢查

第二節　設備之定期檢查

第三節　 機械、設備之重點檢查

第四節　 機械、設備之作業檢點

第五節　作業檢點

第六節　自動檢查紀錄及必要措施

因此勞工的健康檢查不算在內。

12

(1) 依「職業災害勞工保護法」規定，勞工保險之被保險人，在保險有效期間，罹患職業疾病，喪失部分或全部工作能力，經請領勞工保險各項職業災害給付後，得向勞工保險局請領生活津貼之補助，合計以幾年為限？
① 5 　　　　　　　　　　② 3
③ 7 　　　　　　　　　　④ 2

| **解析**　依據「職業災害勞工保護法」第 8 條第 1 項第 1 款：

勞工保險之被保險人，在保險有效期間，於本法施行後遭遇職業災害，得向勞工保險局申請下列補助：

一、罹患職業疾病，喪失部分或全部工作能力，經請領勞工保險各項職業災害給付後，得請領生活津貼。

依據「職業災害勞工保護法」第 8 條第 3 項：

請領第 1 項第 1 款之補助，合計以 **5** 年為限。

13

(3) 依「勞動檢查法」規定，勞動檢查機構於受理勞工申訴後，應儘速就其申訴內容派勞動檢查員實施檢查，並於幾日內將檢查結果通知申訴人？
① 7 　　　　　　　　　　② 15
③ 14 　　　　　　　　　④ 10

| **解析**　依據「勞動檢查法」第 33 條第 1 項：

勞動檢查機構於受理勞工申訴後，應儘速就其申訴內容派勞動檢查員實施檢查，並應於 **14** 日內將檢查結果通知申訴人。

14

（ 2 ）依「職業災害勞工保護法」規定，政府應建立工殤紀念碑，定每年
幾月幾日為工殤日，推動勞工安全衛生教育？
① 5 月 1 日　　　　　　　② 4 月 28 日
③ 2 月 28 日　　　　　　　④ 9 月 21 日

解析　依據「職業災害勞工保護法」第 39 條：

政府應建立工殤紀念碑，定每年 **4 月 28 日**為工殤日，推動勞工安全衛生教育。

15

（ 1 ）依「職業安全衛生法」規定，下列何者為受僱從事工作獲致工資者？
①勞工　　　　　　　　　②雇主
③事業單位　　　　　　　④承攬人

解析　依據「職業安全衛生法」第 2 條第 1 項第 2 款：

本法用詞，定義如下：

二、勞工：指受僱從事工作獲致工資者。

16

（ 4 ）事業單位勞工人數在多少人以上者，應僱用或特約醫護人員，辦理
健康管理、職業病預防及健康促進等勞工健康保護事項？
① 300　　　　　　　　　② 200
③ 100　　　　　　　　　④ 50

解析　依據「職業安全衛生法」第 22 條第 1 項：

事業單位勞工人數在 **50** 人以上者，應僱用或特約醫護人員，辦理健康管理、職業病預防及健康促進等勞工健康保護事項。

17

（ 1 ） 「職業安全衛生教育訓練規則」，係依下列何種法規訂定？

①職業安全衛生法 ②工會法

③勞動基準法 ④勞工保險條例

解析 依據「職業安全衛生教育訓練規則」第 1 條：

本規則依「職業安全衛生法」第 32 條第 2 項規定訂定之。

18

（ 4 ） 下列何者僱用勞工之事業，不適用「職業安全衛生法」？

①水電燃氣業 ②環境衛生服務業

③營造業 ④未支薪家族事業

解析 依據「職業安全衛生管理辦法」第 1 條：

本辦法依「職業安全衛生法」第 23 條第 4 項規定訂定之。

另依據「職業安全衛生管理辦法」第 2 條附表一所示：

①水電燃氣業 ②環境衛生服務業 ③營造業皆屬於第一類事業。

19

（ 4 ） 發生重大職業災害時，通報勞動檢查機構之責任屬於下列何者？

①勞工 ②領班

③職業安全衛生人員 ④雇主

解析 依據「職業安全衛生法」第 37 條第 2 項：

事業單位勞動場所發生下列職業災害之一者，雇主應於 8 小時內通報勞動檢查機構：

一、發生死亡災害。

二、發生災害之罹災人數在 3 人以上。

三、發生災害之罹災人數在 1 人以上，且需住院治療。

四、其他經中央主管機關指定公告之災害。

20

(1) 依「職業安全衛生設施規則」規定，在通風及換氣部分，雇主對於勞工經常作業之室內作業場所，其窗戶及其他開口部分等可直接與大氣相通之開口部分面積，應為地板面積多少比例以上？

① 1：20

② 1：50

③ 1：40

④ 1：30

解析 依據「職業安全衛生設施規則」第 311 條第 1 項：

雇主對於勞工經常作業之室內作業場所，其窗戶及其他開口部分等可直接與大氣相通之開口部分面積，應為地板面積之 **1/20**（就是 1:20）以上。但設置具有充分換氣能力之機械通風設備者，不在此限。

21

(3) 依「職業安全衛生法施行細則」規定，下列何者非屬安全衛生工作守則之內容？

①事業之安全衛生管理及各級之權責

②工作安全及衛生標準

③環境污染預防

④機械、設備或器具之維護及檢查

解析 依據「職業安全衛生法施行細則」第 41 條：

安全衛生工作守則之內容，依下列事項定之：

一、事業之安全衛生管理及各級之權責。

二、機械、設備或器具之維護及檢查。

三、工作安全及衛生標準。

四、教育及訓練。

五、健康指導及管理措施。

六、急救及搶救。

七、防護設備之準備、維持及使用。

八、事故通報及報告。

九、其他有關安全衛生事項。

22

（ 1 ）依「職業安全衛生法施行細則」規定，下列何者非屬應訂定作業環境監測計畫及實施作業環境監測之作業場所？
①行政人員辦公場所
②高溫作業場所
③顯著發生噪音之作業場所
④鉛作業場所

解析　依據「職業安全衛生法施行細則」第17條第2項：

應訂定作業環境監測計畫及實施監測之作業場所如下：

一、設置有中央管理方式之空氣調節設備之建築物室內作業場所。

二、坑內作業場所。

三、顯著發生噪音之作業場所。

四、下列作業場所，經中央主管機關指定者：

（一）高溫作業場所。

（二）粉塵作業場所。

（三）鉛作業場所。

（四）四烷基鉛作業場所。

（五）有機溶劑作業場所。

（六）特定化學物質作業場所。

五、其他經中央主管機關指定公告之作業場所。

23

（ 3 ）依「職業安全衛生設施規則」規定，雇主對於扇風機之葉片，如有危害勞工手指之虞時，應設何種安全設備？
①防滑舌片
②自動電擊防止裝置
③護網或護圍
④防爆電氣設備

| 解析 依據「職業安全衛生設施規則」第 83 條：

雇主對於扇風機之葉片，有危害勞工之虞者，應設 護網或護圍 等設備。

24

(4) 依「職業安全衛生設施規則」規定，雇主對於物料堆放應符合之規
定中，下列敘述何者錯誤？
①不得妨礙機械設備之操作　　②不得影響照明
③不得超過堆放地最大安全負荷　④為便於作業得堆置於開口邊緣

| 解析 依據「職業安全衛生設施規則」第 159 條：

雇主對物料之堆放，應依下列規定：

一、不得超過堆放地最大安全負荷。

二、不得影響照明。

三、不得妨礙機械設備之操作。

四、不得阻礙交通或出入口。

五、不得減少自動灑水器及火警警報器有效功用。

六、不得妨礙消防器具之緊急使用。

七、以不倚靠牆壁或結構支柱堆放為原則，並不得超過其安全負荷。

25

(1) 依「職業安全衛生法」規定，雇主如未對勞工施以從事工作與預防
災變所必要之安全衛生教育及訓練，經通知限期改善，屆期未改善
者，可處新臺幣多少元之罰鍰？
① 3 萬元以上 15 萬元以下　　② 15 萬元以上 30 萬元以下
③ 10 萬元以上 30 萬元以下　④ 6 萬元以上 9 萬元以下

| 解析 依據「職業安全衛生法」第 32 條第 1 項：

雇主對勞工應施以從事工作與預防災變所必要之安全衛生教育及
訓練。

另依據「職業安全衛生法」第 45 條：

違反第 32 條第 1 項之規定，經通知限期改善，屆期未改善，處新臺幣 3 萬元以上 15 萬元以下罰鍰。

26

(1)　依「職業安全衛生設施規則」規定，於以石綿板、鐵皮板、瓦、木板、茅草、塑膠等易踏穿材料構築之屋頂及雨遮，或於以礦纖板、石膏板等材料之夾層天花板從事作業時，為防止勞工踏穿墜落之設施，下列敘述何者為非？
　①應使勞工戴安全帽
　②應指定屋頂作業主管指揮或監督作業
　③應設安全網
　④應裝設堅固格柵

| 解析　依據「職業安全衛生設施規則」第 227 條第 1 項：

雇主對勞工於以石綿板、鐵皮板、瓦、木板、茅草、塑膠等易踏穿材料構築之屋頂及雨遮，或於以礦纖板、石膏板等易踏穿材料構築之夾層天花板從事作業時，為防止勞工踏穿墜落，應採取下列設施：

一、規劃安全通道，於屋架、雨遮或天花板支架上設置適當強度且寬度在 30 公分以上之踏板。

二、於屋架、雨遮或天花板下方可能墜落之範圍，裝設堅固格柵或安全網等防墜設施。

三、指定屋頂作業主管指揮或監督該作業。

本題主要是問防止勞工踏穿墜落之措施，故應著重於防墜。

27

(3)　依「職業安全衛生管理辦法」規定，雇主依規定實施之自動檢查，於發現有異常時，應採取下列何種措施？
　①無須採取任何措施　　　　②可忽略而繼續工作
　③立即檢修及採取必要措施　④調整檢查表格

|解析 依據「職業安全衛生管理辦法」第 81 條：

勞工、主管人員及職業安全衛生管理人員實施檢查、檢點時，發現對勞工有危害之虞者，應即報告上級主管。

雇主依第 13 條至第 77 條規定實施自動檢查，發現有異常時，應立即檢修及採取必要措施。

28

（　3　）　依「勞工健康保護規則」規定，從事特別危害健康作業勞工之特殊健康檢查結果，健康管理屬於第三級管理者，其意義為下列何者？
①健康正常
②健康異常，但與工作無關
③健康異常，無法確定異常與工作之相關性，應進一步請職業醫學科專科醫師評估者
④健康異常，且與工作有關

|解析 依據「勞工健康保護規則」第 21 條：

雇主使勞工從事第 2 條規定之特別危害健康作業時，應建立其暴露評估及健康管理資料，並將其定期實施之特殊健康檢查，依下列規定分級實施健康管理：

一、第一級管理：特殊健康檢查或健康追蹤檢查結果，全部項目正常，或部分項目異常，而經醫師綜合判定為無異常者。

二、第二級管理：特殊健康檢查或健康追蹤檢查結果，部分或全部項目異常，經醫師綜合判定為異常，而與工作無關者。

三、第三級管理：特殊健康檢查或健康追蹤檢查結果，部分或全部項目異常，經醫師綜合判定為異常，而無法確定此異常與工作之相關性，應進一步請職業醫學科專科醫師評估者。

四、第四級管理：特殊健康檢查或健康追蹤檢查結果，部分或全部項目異常，經醫師綜合判定為異常，且與工作有關者。

29

（ 2 ）　營造作業勞工須接受幾小時一般安全衛生教育訓練？
　　　　① 1 小時　　　　　　　　② 6 小時
　　　　③ 12 小時　　　　　　　 ④ 18 小時

| 解析　依據「職業安全衛生教育訓練規則」附表十四：

新僱勞工或在職勞工於變更工作前依實際需要排定時數，不得少於 3 小時。但從事使用生產性機械或設備、車輛系營建機械、起重機具吊掛搭乘設備、捲揚機等之操作及營造作業、缺氧作業（含局限空間作業）、電焊作業、氧乙炔熔接裝置作業等應各增列 3 小時；對製造、處置或使用危害性化學品者應增列 3 小時。

因此，從事營造作業勞工之一般安全衛生教育訓練 3(基本)+3(營造作業) 合計為 6 小時。

30

（ 2 ）　「職業安全衛生法」上明定接受安全衛生教育訓練是勞工應盡義務，若勞工不接受，可處新臺幣多少以下罰鍰？
　　　　① 1 千元　　　　　　　　② 3 千元
　　　　③ 5 千元　　　　　　　　④ 7 千元

| 解析　依據「職業安全衛生法」第 32 條第 3 項：

勞工對於安全衛生教育及訓練，有接受之義務。

另依據「職業安全衛生法」第 46 條：

違反第 32 條第 3 項之規定者，處新臺幣 3 千元以下罰鍰。

31

（ 1 ）　依「職業安全衛生法」規定，雇主對勞工應施以從事工作與預防災變所必要之安全衛生教育及訓練？
　　　　①勞工有接受之義務　　　②勞工可自由參加
　　　　③勞工不需參加　　　　　④依工作內容選擇性參加

解析　依據「職業安全衛生法」第 32 條第 3 項：

勞工對於安全衛生教育及訓練，有接受之義務。

32

（　2　）　依「職業安全衛生法」規定，若勞工不接受雇主對其施以從事工作
及預防災變所必要之安全衛生教育及訓練，請問以下何者可對該勞
工處以新臺幣 3 千元以下之罰鍰？
①雇主
②「職業安全衛生法」所稱之主管機關
③工會
④以上皆否

解析　依據「職業安全衛生法」第 3 條第 1 項：

本法所稱主管機關：在中央為勞動部；在直轄市為直轄市政府；在
縣（市）為縣（市）政府。

另依據「職業安全衛生法」第 36 條第 1 項：

中央主管機關及勞動檢查機構對於各事業單位勞動場所得實施檢
查。其有不合規定者，應告知違反法令條款，並通知限期改善；屆
期未改善或已發生職業災害，或有發生職業災害之虞時，得通知其
部分或全部停工。勞工於停工期間應由雇主照給工資。

33

（　1　）　勞動檢查員進入事業單位進行檢查時，依現行勞動法令規定，應主
動出示何項文件，並告知雇主及工會？
①勞動檢查證　　　　　　　②收索票
③國民身分證　　　　　　　④公文

解析　依據「勞動檢查法」第 22 條第 1 項：

勞動檢查員進入事業單位進行檢查時，應主動出示勞動檢查證，並
告知雇主及工會。事業單位對未持勞動檢查證者，得拒絕檢查。

34

（ 2 ）　依「職業安全衛生法」規定，雇主應會同下列何者訂定適合其需要
之安全衛生工作守則，報經勞動檢查機構備查後，公告實施？
①安全衛生顧問公司　　　　　②勞工代表
③醫療機構　　　　　　　　　④承攬商

| **解析** 依據「職業安全衛生法」第 34 條第 1 項：

雇主應依本法及有關規定會同勞工代表訂定適合其需要之安全衛生
工作守則，報經勞動檢查機構備查後，公告實施。

35

（ 2 ）　依「職業安全衛生法」規定，事業單位工作場所如發生職業災害，
雇主應即採取何種必要之措施，並會同勞工代表實施調查、分析及
作成紀錄？
①停工　　　　　　　　　　　②急救、搶救
③向法院自首　　　　　　　　④報告檢查機構

| **解析** 依據「職業安全衛生法」第 37 條第 1 項：

事業單位工作場所發生職業災害，雇主應即採取必要之急救、搶救
等措施，並會同勞工代表實施調查、分析及作成紀錄。

36

（ 3 ）　「職業安全衛生法」上明定遵守安全衛生工作守則是勞工應盡義
務，勞工若不遵守，可處新臺幣多少元以下罰鍰？
① 1 千元　　　　　　　　　　② 2 千元
③ 3 千元　　　　　　　　　　④ 5 千元

| **解析** 依據「職業安全衛生法」第 34 條第 2 項：

勞工對於安全衛生工作守則，應切實遵行。

另依據「職業安全衛生法」第 46 條：

違反第 34 條第 2 項之規定者，處新臺幣 3 千元以下罰鍰。

37

（ 1 ） 依「職業安全衛生管理辦法」風險分類，建築工程業屬第幾類事業？

①第一類事業 ②第二類事業

③第三類事業 ④未分類事業

解析 依據「職業安全衛生管理辦法」第 2 條附表一所示：

建築工程業歸類為營造業，屬於第一類事業。

38

（ 2 ） 依「職業安全衛生法」規定，雇主對在職勞工應施行一般健康檢查，勞工對於該檢查：

①應拒絕 ②有接受之義務

③有接受之權力 ④可放棄檢查

解析 依據「職業安全衛生法」第 20 條第 1 項：

雇主於僱用勞工時，應施行體格檢查；對在職勞工應施行下列健康檢查：

一、一般健康檢查。

二、從事特別危害健康作業者之特殊健康檢查。

三、經中央主管機關指定為特定對象及特定項目之健康檢查。

依據「職業安全衛生法」第 20 條第 6 項：

勞工對於第 1 項之檢查，有接受之義務。

39

（ 1 ） 「職業安全衛生法」第 20 條第 1 項所稱在職勞工應施行之健康檢查為何？
①一般健康檢查 ②體格檢查
③身體檢查 ④以上皆是

解析 依據「職業安全衛生法」第 20 條第 1 項：

雇主於僱用勞工時，應施行體格檢查；對在職勞工應施行下列健康檢查：

一、一般健康檢查。

二、從事特別危害健康作業者之特殊健康檢查。

三、經中央主管機關指定為特定對象及特定項目之健康檢查。

40

（ 1 ） 依「勞工健康保護規則」規定，勞工因職業上原因不能適應原有工作者，雇主應採取之措施，下列何者有誤？
①予以解僱 ②健康管理
③變更作業場所 ④縮短工作時間

解析 依據「勞工健康保護規則」第 23 條第 1 項第 2 款：

雇主於勞工經體格檢查、健康檢查或健康追蹤檢查後，應採取下列措施：

二、對檢查結果異常之勞工，應由醫護人員提供其健康指導；其經醫師健康評估結果，不能適應原有工作者，應參採醫師之建議，變更其作業場所、更換工作或縮短工作時間，並採取健康管理措施。

41

(1) 粉塵作業場所應派遣具有何種作業主管從事監督管理工作？
①粉塵作業主管
②現場工程師或職業安全衛生管理人員
③缺氧作業主管
④鋼構作業主管

解析 依據「粉塵危害預防標準」第 20 條：

雇主僱用勞工從事粉塵作業時，應指定粉塵作業主管，從事監督作業。

42

(3) 我國保障工作者安全與健康，防止職業災害之最主要法律為何？
①勞動基準法　　　　　　②勞動檢查法
③職業安全衛生法　　　　④刑法

解析 依據「職業安全衛生法」第 1 條立法精神：

為防止職業災害，保障工作者安全及健康，特制定本法；其他法律有特別規定者，從其規定。

43

(4) 依「職業安全衛生法」規定，事業單位有發生立即危險之虞時：
①報告董事長
②報告檢查機構
③生產目標應繼續工作
④應立即停工，並將工作人員退避至安全處所

解析 依據「職業安全衛生法」第 18 條：

工作場所有立即發生危險之虞時，雇主或工作場所負責人應即令停止作業，並使勞工退避至安全場所。

44

(1)　自營作業者，是否準用「危險性機械及設備安全檢查規則」內有關雇主義務之規定？

①準用
②不準用
③另有法規規定
④準用，但不會被罰緩

｜解析　依據「職業安全衛生法」第 51 條第 1 項：

自營作業者準用第 16 條（具有危險性機械或設備）有關雇主之義務及罰則之規定。

45

(1)　營造業甲種職業安全衛生業務主管應實施安全衛生在職教育訓練之頻率為何？

① 2 年 6 小時
② 3 年 3 小時
③ 3 年 6 小時
④ 2 年 12 小時

｜解析　依據「職業安全衛生教育訓練規則」第 18 條第 1 項第 1 款：

雇主對擔任下列工作之勞工，應依工作性質使其接受安全衛生在職教育訓練：

一、職業安全衛生業務主管。

另依「職業安全衛生教育訓練規則」第 19 條第 1 項第 1 款說明：

雇主對擔任職業安全衛生業務主管之勞工，應使其接受每 2 年至少 6 小時之安全衛生在職教育訓練。

46

(3)　依「危害性化學品標示及通識規則」規定，標示之危害圖式形狀為何？

①圓形
②三角形
③直立 45 度角之正方形
④六角形

解析 依據「危害性化學品標示及通識規則」第 7 條：

標示之危害圖式形狀為直立 45 度角之正方形，其大小需能辨識清楚。圖式符號應使用黑色，背景為白色，圖式之紅框有足夠警示作用之寬度。

47

（ 3 ）勞動檢查機構對於事業單位有違反勞動法令之檢查結果，應於幾日內以書面通知立即改正或限期改善？

① 30   ② 15

③ 10   ④ 7

解析 依據「勞動檢查法」第 25 條第 1 項：

勞動檢查員對於事業單位之檢查結果，應報由所屬勞動檢查機構依法處理；其有違反勞動法令規定事項者，勞動檢查機構並應於 10 日內以書面通知事業單位立即改正或限期改善，並副知直轄市、縣（市）主管機關督促改善。對公營事業單位檢查之結果，應另副知其目的事業主管機關督促其改善。

48

（ 4 ）經勞動檢查機構以書面通知之檢查結果，事業單位應於該違規場所顯明易見處公告幾日以上？

① 30   ② 15

③ 10   ④ 7

解析 依據「勞動檢查法」第 25 條第 2 項：

事業單位對前項檢查結果，應於違規場所顯明易見處公告 7 日以上。

49

（ 4 ） 依「職業安全衛生法」規定，在高溫場所工作之勞工，雇主不得使其每日工作時間超過多少小時？
① 12　　　　　　　　　　② 10
③ 8　　　　　　　　　　④ 6

解析　依據「職業安全衛生法」第 19 條第 1 項：

在高溫場所工作之勞工，雇主不得使其每日工作時間超過 6 小時；異常氣壓作業、高架作業、精密作業、重體力勞動或其他對於勞工具有特殊危害之作業，亦應規定減少勞工工作時間，並在工作時間中予以適當之休息。

50

（ 2 ） 依「職業安全衛生法」所稱具有危害性之化學品，符合國家標準 CNS 15030 分類具有健康危害者，是指下列何者？
①危險物　　　　　　　　②有害物
③優先管理化學品　　　　④管制性化學品

解析　依據「危害性化學品標示及通識規則」第 2 條：

「職業安全衛生法」第 10 條所稱具有危害性之化學品，指下列危險物或有害物：

一、危險物：符合國家標準 CNS 15030 分類，具有物理性危害者。

二、有害物：符合國家標準 CNS 15030 分類，具有健康危害者。

51

（ 2 ） 依職業安全衛生法規所稱具有危險性機械，不包括下列何者？
①移動式起重機　　　　　②研磨機
③營建用升降機　　　　　④吊籠

解析　依據「職業安全衛生法施行細則」第 22 條：

「職業安全衛生法」第 16 條第 1 項所稱具有危險性之機械,指符合中央主管機關所定一定容量以上之下列機械:

一、固定式起重機。

二、移動式起重機。

三、人字臂起重桿。

四、營建用升降機。

五、營建用提升機。

六、吊籠。

七、其他經中央主管機關指定公告具有危險性之機械。

52

（ 3 ） 依「職業安全衛生法施行細則」規定,事業單位訂定職業安全衛生管理計畫應包括之事項,下列何者為非?
①虛驚事故統計　　　　　　②個人防護具之管理
③營業績效評估　　　　　　④作業環境監測

解析 依據「職業安全衛生法施行細則」第 31 條:

「職業安全衛生法」第 23 條第 1 項所定職業安全衛生管理計畫,包括下列事項:

一、工作環境或作業危害之辨識、評估及控制。

二、機械、設備或器具之管理。

三、危害性化學品之分類、標示、通識及管理。

四、有害作業環境之採樣策略規劃及監測。

五、危險性工作場所之製程或施工安全評估。

六、採購管理、承攬管理及變更管理。

七、安全衛生作業標準。

八、定期檢查、重點檢查、作業檢點及現場巡視。

九、安全衛生教育訓練。

十、個人防護具之管理。

十一、健康檢查、管理及促進。

十二、安全衛生資訊之蒐集、分享及運用。

十三、緊急應變措施。

十四、職業災害、虛驚事故、影響身心健康事件之調查處理及統計分析。

十五、安全衛生管理紀錄及績效評估措施。

十六、其他安全衛生管理措施。

53

（ 4 ）依「女性勞工母性健康保護實施辦法」規定，有關母性健康保護措施，下列何者有誤？

①危害評估與控制　　　　　②醫師面談指導

③風險分級管理　　　　　　④勞工代表參與

｜解析　依據「女性勞工母性健康保護實施辦法」第 2 條第 1 項第 1 款：

本辦法用詞，定義如下：

一、母性健康保護：指對於女性勞工從事有母性健康危害之虞之工作所採取之措施，包括危害評估與控制、醫師面談指導、風險分級管理、工作適性安排及其他相關措施。

54

（ 2 ）下列何者非屬依「職業安全衛生法」規定勞工之義務？

①接受雇主施以從事工作與預防災變所必要之安全衛生教育及訓練

②建立職業安全衛生管理及自動檢查制度

③遵守報經備查之安全衛生工作守則

④接受雇主安排之體格檢查及健康檢查

｜解析　依據「職業安全衛生法」勞工應盡之義務如下列：

一、接受體格、健康檢查。

二、接受安全衛生教育訓練。

三、遵行安全衛生工作守則。

55

（ 3 ） 「職業安全衛生法」中所稱之工作者，下列何者為非？
① 自營作業者
② 勞工
③ 工廠負責人
④ 受工作場所負責人監督從事勞動之人員

| 解析　依據「職業安全衛生法」第 2 條第 1 項第 1 款：

本法用詞，定義如下：

一、工作者：指勞工、自營作業者及其他受工作場所負責人指揮或監督從事勞動之人員。

56

（ 3 ） 雇主對於具有危害性之化學品，應予標示、製備清單及揭示何項資料？
① 廢棄物清運清單　　　　　② 合格處理業者名單
③ 安全資料表　　　　　　　④ 緊急逃生路線圖

| 解析　依據「職業安全衛生法」第 10 條第 1 項：

雇主對於具有危害性之化學品，應予標示、製備清單及揭示安全資料表，並採取必要之通識措施。

57

（ 1 ） 為掌握勞工作業環境實態與評估勞工暴露狀況，所採取之規劃、採樣、測定、分析及評估，稱為？
① 作業環境監測　　　　　　② 製程安全評估
③ 工作環境採樣　　　　　　④ 暴露環境評估

| 解析　依據「勞工作業環境監測實施辦法」第 2 條第 1 項第 1 款：

本辦法用詞，定義如下：

一、**作業環境監測**：指為掌握勞工作業環境實態與評估勞工暴露狀況，所採取之規劃、採樣、測定及分析之行為。

58

（ 1 ） 應訂定作業環境監測計畫及實施監測之作業場所，何者為非？

① 露天儲油槽　　　　　　　② 粉塵

③ 高溫　　　　　　　　　　④ 顯著發生噪音

解析 依據「職業安全衛生法施行細則」第 17 條第 2 項：

應訂定作業環境監測計畫及實施監測之作業場所如下：

一、設置有中央管理方式之空氣調節設備之建築物室內作業場所。

二、坑內作業場所。

三、顯著發生噪音之作業場所。

四、下列作業場所，經中央主管機關指定者：

（一）高溫作業場所。

（二）粉塵作業場所。

（三）鉛作業場所。

（四）四烷基鉛作業場所。

（五）有機溶劑作業場所。

（六）特定化學物質作業場所。

59

（ 2 ） 依國家標準 CNS 15030 分類，下列何者並非優先管理之化學品？

① 生殖細胞致突變性物質第一級　② 致心血管異常第一級

③ 致癌物質第一級　　　　　　　④ 生殖毒性物質第一級

解析 依據「職業安全衛生法施行細則」第 20 條：

「職業安全衛生法」第 14 條第 2 項所稱優先管理化學品如下：

一、「職業安全衛生法」第 29 條第 1 項第 3 款及第 30 條第 1 項第 5 款規定所列之危害性化學品。

二、依國家標準 CNS 15030 分類，屬致癌物質第一級、生殖細胞致突變性物質第一級或生殖毒性物質第一級者。

三、依國家標準 CNS 15030 分類，具有物理性危害或健康危害，其化學品運作量達中央主管機關規定者。

四、其他經中央主管機關指定公告者。

60

（ 3 ） 「職業安全衛生法」第 16 條第 1 項所稱具有危險性之設備何者為非？
① 高壓氣體容器　　　　　　　　② 壓力容器
③ 高壓電盤　　　　　　　　　　④ 鍋爐

解析　依據「職業安全衛生法施行細則」第 23 條：

「職業安全衛生法」第 16 條第 1 項所稱具有危險性之設備，指符合中央主管機關所定一定容量以上之下列設備：

一、鍋爐。

二、壓力容器。

三、高壓氣體特定設備。

四、高壓氣體容器。

五、其他經中央主管機關指定公告具有危險性之設備。

61

（ 3 ） 職業安全衛生管理事項之執行，應做成紀錄備查，依現行職業安全衛生法令規定，其保存期限多久？
① 2 年　　　　　　　　　　　② 無限制
③ 3 年　　　　　　　　　　　④ 1 年

解析　依據「職業安全衛生管理辦法」第 12-1 條：

雇主應依其事業單位之規模、性質，訂定職業安全衛生管理計畫，要求各級主管及負責指揮、監督之有關人員執行；勞工人數在 30 人

以下之事業單位，得以安全衛生管理執行紀錄或文件代替職業安全衛生管理計畫。

勞工人數在 100 人以上之事業單位，應另訂定職業安全衛生管理規章。

第 1 項職業安全衛生管理事項之執行，應作成紀錄，並保存 **3 年**。

62

（ 3 ） 事業單位承租、承借機械、設備或器具供勞工使用者，應對該機械、設備或器具實施自動檢查，前項之自動檢查執行紀錄應保存多久？
① 1 年　　　　　　　　　② 2 年
③ 3 年　　　　　　　　　④ 5 年

解析　依據「職業安全衛生管理辦法」第 80 條：

雇主依第 13 條至第 49 條規定實施之定期檢查、重點檢查應就下列事項記錄，**並保存 3 年**：

一、檢查年月日。

二、檢查方法。

三、檢查部分。

四、檢查結果。

五、實施檢查者之姓名。

六、依檢查結果應採取改善措施之內容。

63

（ 3 ） 雇主僱用勞工人數未滿30人者，應使擔任職業安全衛生業務主管者接受何種職業安全衛生業務主管安全衛生教育訓練？
①甲種　　　　　　　　　②乙種
③丙種　　　　　　　　　④丁種

| 解析　依據「職業安全衛生管理辦法」附表二：

勞工人數未滿 30 人者，應設置丙種職業安全衛生業務主管。

業務主管係指依據「職業安全衛生管理辦法」之規定，依平時雇主僱用勞工人數多寡，分別接受甲、乙、丙種業務主管教育訓練。員工人數在未滿 30 人之事業單位，需設置一名丙種職業安全衛生業務主管。員工人數在 30-99 人之事業單位，需設置一名乙種職業安全衛生業務主管。員工人數達 100 人以上之事業單位，需設置一名甲種職業安全衛生業務主管。但屬第二類及第三類事業之事業單位，且勞工人數在 5 人以下者，得設置一名丁種職業安全衛生業務主管。

64

（ 2 ）　僱用勞工人數在 30 人以上未滿 100 人之營造公司擔任職業安全衛生業務主管應接受何種教育訓練？
①甲種　　　　　　　　　②乙種
③丙種　　　　　　　　　④丁種

| 解析　依據「職業安全衛生管理辦法」附表二：

勞工人數 30 人以上未滿 100 人者，應設置乙種職業安全衛生業務主管。

業務主管係指依據「職業安全衛生管理辦法」之規定，依平時雇主僱用勞工人數多寡，分別接受甲、乙、丙種業務主管教育訓練。勞工人數在未滿 30 人之事業單位，需設置一名丙種職業安全衛生業務主管。勞工人數在 30-99 人之事業單位，需設置一名乙種職業安全衛生業務主管。勞工人數達 100 人以上之事業單位，需設置一名甲種職業安全衛生業務主管。但屬第二類及第三類事業之事業單位，且勞工人數在 5 人以下者，得設置一名丁種職業安全衛生業務主管。

65

（ 4 ）　依「職業安全衛生管理辦法」規定，職業安全衛生委員會應置委員幾人以上？

① 4　　　　　　　　　　　② 5

③ 6　　　　　　　　　　　④ 7

解析　依據「職業安全衛生管理辦法」第 11 條第 1 項：

委員會置委員 **7 人以上**，除雇主為當然委員及第 5 款規定者外，由雇主視該事業單位之實際需要指定下列人員組成：

一、職業安全衛生人員。

二、事業內各部門之主管、監督、指揮人員。

三、與職業安全衛生有關之工程技術人員。

四、從事勞工健康服務之醫護人員。

五、勞工代表。

66

（ 4 ）　依「職業安全衛生管理辦法」規定，職業安全衛生委員會成員之組成何者為非？

①職業安全衛生人員

②勞工代表

③事業內各部門之主管、監督、指揮人員

④勞動檢查機構之檢查員

解析　依據「職業安全衛生管理辦法」第 11 條第 1 項：

委員會置委員 7 人以上，除雇主為當然委員及第 5 款規定者外，由雇主視該事業單位之實際需要指定下列人員組成：

一、職業安全衛生人員。

二、事業內各部門之主管、監督、指揮人員。

三、與職業安全衛生有關之工程技術人員。

四、從事勞工健康服務之醫護人員。

五、勞工代表。

67

（ 1 ） 依「職業安全衛生管理辦法」規定，職業安全衛生委員會至少多久要開會一次？
① 3 個月　　　　　　② 6 個月
③ 1 年　　　　　　　④ 2 年

解析　依據「職業安全衛生管理辦法」第 12 條：

委員會應每 3 個月至少開會一次，辦理下列事項：

一、對雇主擬訂之職業安全衛生政策提出建議。

二、協調、建議職業安全衛生管理計畫。

三、審議安全、衛生教育訓練實施計畫。

四、審議作業環境監測計畫、監測結果及採行措施。

五、審議健康管理、職業病預防及健康促進事項。

六、審議各項安全衛生提案。

七、審議事業單位自動檢查及安全衛生稽核事項。

八、審議機械、設備或原料、材料危害之預防措施。

九、審議職業災害調查報告。

十、考核現場安全衛生管理績效。

十一、審議承攬業務安全衛生管理事項。

十二、其他有關職業安全衛生管理事項。

前項委員會審議、協調及建議安全衛生相關事項，應作成紀錄，並保存 3 年。

第 1 項委員會議由主任委員擔任主席，必要時得召開臨時會議。

68

（ 3 ）　a 工作場所、b 作業場所及 c 勞動場所，各涵蓋的範圍之大小順序
為何？

① a>b>c　　　　　　　　　② b>c>a

③ c>a>b　　　　　　　　　④ b>a>c

解析　依據「職業安全衛生法施行細則」第 5 條概述：

一、勞動場所，包括下列場所：

（一）於勞動契約存續中，由雇主所提示，使勞工履行契約提供
勞務之場所。

（二）自營作業者實際從事勞動之場所。

（三）其他受工作場所負責人指揮或監督從事勞動之人員，實際
從事勞動之場所。

二、工作場所：指勞動場所中，接受雇主或代理雇主指示處理有關
勞工事務之人所能支配、管理之場所。

三、作業場所：指工作場所中，從事特定工作目的之場所。

69

（ 2 ）　依「勞工健康保護規則」之規定，未滿 40 歲之勞工，應每幾年實施
定期一般健康檢查？

① 1　　　　　　　　　　　② 5

③ 3　　　　　　　　　　　④ 2

解析　依據「勞工健康保護規則」第 17 條第 1 項：

雇主對在職勞工，應依下列規定，定期實施一般健康檢查：

一、年滿 65 歲者，每年檢查一次。

二、40 歲以上未滿 65 歲者，每 3 年檢查一次。

三、未滿 40 歲者，每 5 年檢查一次。

70

(4) 依現行職業安全衛生法令規定，事業單位勞工人數之計算，包含原事業單位及其承攬人、再承攬人之勞工及其他受負責人指揮或監督從事勞動之人員，於同一期間、同一工作場所作業時之總人數，其法令依據為何？

① 職業安全衛生教育訓練規則　② 職業安全衛生設施規則
③ 職業安全衛生法施行細則　　④ 職業安全衛生管理辦法

解析　依據「職業安全衛生管理辦法」第 3-2 條第 1 項：

事業單位勞工人數之計算，包含原事業單位及其承攬人、再承攬人之勞工及其他受工作場所負責人指揮或監督從事勞動之人員，於同一期間、同一工作場所作業時之總人數。

1-3 | 營造安全衛生設施標準　甲 乙 丙

01

(4) 「營造安全衛生設施標準」規定勞工從事露天開挖作業，其開挖垂直最大深度應妥為設計，如其深度多少以上應設擋土支撐，下列何者正確？

① 1.8 公尺以上　　　　　② 2.1 公尺以上
③ 2 公尺以上　　　　　　④ 1.5 公尺以上

解析　根據「營造安全衛生設施標準」第 71 條：

雇主僱用勞工從事露天開挖作業，其開挖垂直最大深度應妥為設計；其深度在 1.5 公尺以上，使勞工進入開挖面作業者，應設擋土支撐。但地質特殊或採取替代方法，經所僱之專任工程人員或委由相關執業技師簽認其安全性者，不在此限。

02

（ 3 ） 依「營造安全衛生設施標準」規定，雇主構築施工架時，有鄰近結構物之周遭或跨越工作走道者，應於其下方設計何種防護設施，以防止物體飛落引起災害？
① 下拉桿
② 先行扶手框
③ 斜籬及防護網
④ 護籠

解析　根據「營造安全衛生設施標準」第 52 條：

雇主構築施工架時，有鄰近結構物之周遭或跨越工作走道者，應於其下方設計斜籬及防護網等，以防止物體飛落引起災害。

03

（ 2 ） 依「營造安全衛生設施標準」規定，系統式施工架之金屬材料、管徑、厚度、表面處理、輪盤或八腳盤等構件之雙面全周焊接、製造方法及標示等，應符合下列何項國家標準？
① CNS 7535 高處作業用安全帶檢驗法
② CNS 4750 鋼管施工架
③ CNS 4751 鋼管施工架檢驗法
④ CNS 4734 高壓交流斷路器

解析　根據「營造安全衛生設施標準」第 60-1 條第 2 款：

雇主對於系統式施工架之構築，應依下列規定辦理：

二、施工架之金屬材料、管徑、厚度、表面處理、輪盤或八角盤等構件之雙面全周焊接、製造方法及標示等，應符合國家標準 **CNS 4750 鋼管施工架**之規定。

04

（ 1 ） 依「營造安全衛生設施標準」規定，雇主對於不能藉高空工作車或其他方法安全完成之 2 公尺以上高處營造作業，應設置何項設施？
① 施工架
② 扶手
③ 棧橋
④ 施工構臺

解析 根據「營造安全衛生設施標準」第 39 條：

雇主對於不能藉高空工作車或其他方法安全完成之 2 公尺以上高處營造作業，應設置適當之施工架。

05

（ **3** ） 依「營造安全衛生設施標準」規定，鋼構組配作業之焊接、栓接、鉚接及鋼構之豎立等作業，於敲出栓桿、衝梢或鉚釘頭時，應採取適當之方法及工具，防止其發生何項危害？
　①感電　　　　　　　　　②敲毀
　③任意飛落　　　　　　　④被夾

解析 根據「營造安全衛生設施標準」第 153 條第 1 款：

雇主對於鋼構組配作業之焊接、栓接、鉚接及鋼構之豎立等作業，應依下列規定辦理：

一、於敲出栓桿、衝梢或鉚釘頭時，應採取適當之方法及工具，以防止其任意飛落。

06

（ **3** ） 依「營造安全衛生設施標準」規定，雇主對於作業人員進入下列何種場所時，應提供適當安全帽，並使其正確戴用？
　①員工休息室　　　　　　②辦公室
　③營繕工程工作場所　　　④工地事務所

解析 根據「營造安全衛生設施標準」第 11-1 條：

雇主對於進入營繕工程工作場所作業人員，應提供適當安全帽，並使其正確戴用。

07

（ 4 ）依「營造安全衛生設施標準」規定，對於沉箱、沉筒、井筒等內部從事開挖作業時，為防止急速沉陷危害勞工之措施與下列何項敘述無關？

①刃口下端不得下挖 50 公分以上

②依下沉關係圖，決定開挖方法及載重量

③刃口至頂版或梁底之淨距應在 1.8 公尺以上

④禁止攜帶打火機或火柴

解析 根據「營造安全衛生設施標準」第 103 條：

雇主對於沉箱、沉筒、井筒等內部從事開挖作業時，為防止其急速沉陷危害勞工，應依下列規定辦理：

一、依下沉關係圖，決定開挖方法及載重量。

二、刃口至頂版或梁底之淨距應在 1.8 公尺以上。

三、刃口下端不得下挖 50 公分以上。

08

（ 4 ）依「營造安全衛生設施標準」規定，有關下列護蓋之敘述，何者正確？ a. 應具有能使人員及車輛安全通過之強度。b. 應以有效方法防止滑溜、掉落、掀出或移動。c. 供車輛通行者，得以車輛後軸載重之 2 倍設計之，並不得妨礙車輛之正常通行。d. 為柵狀構造者，柵條間隔不得大於 3 公分。e. 上面不得放置機動設備或超過其設計強度之重物。f. 臨時性開口處使用之護蓋，表面漆以綠色，並書以警告訊息。

① a.b.c.d.f.　　　　② b.c.d.e.f.

③ a.b.d.e.f.　　　　④ a.b.c.d.e

解析 根據「營造安全衛生設施標準」第 21 條：

雇主設置之護蓋，應依下列規定辦理：

一、應具有能使人員及車輛安全通過之強度。

二、應以有效方法防止滑溜、掉落、掀出或移動。

三、供車輛通行者，得以車輛後軸載重之 2 倍設計之，並不得妨礙車輛之正常通行。

四、為柵狀構造者，柵條間隔不得大於 3 公分。

五、上面不得放置機動設備或超過其設計強度之重物。

六、臨時性開口處使用之護蓋，表面漆以黃色並書以警告訊息。

09

(3) 依「營造安全衛生設施標準」規定，除必須進出口外，護欄應圍繞於何處？
①樓地板　　　　　　　②工作場所
③所有危險之開口部分　④營造工地

解析　根據「營造安全衛生設施標準」第 20 條第 6 款：

雇主依規定設置之護欄，應依下列規定辦理：

六、除必須之進出口外，護欄應圍繞所有危險之開口部分。

10

(3) 依「營造安全衛生設施標準」規定，有關以可調鋼管支柱為模板支撐之支柱時，下列敘述何者錯誤？
①可調鋼管支柱使用貫材、木板等連接，俗稱菜瓜棚，已發生多起倒、崩塌職災
②可調鋼管支柱為模板支撐之支柱時，可調鋼管支柱不得連接使用
③可調鋼管支柱可任意續接連結，不限高度
④高度 5 公尺以上之模板支撐，建議採用系統式支撐架、重型支撐架或排架

解析　根據「營造安全衛生設施標準」第 135 條：

雇主以可調鋼管支柱為模板支撐之支柱時，應依下列規定辦理：

一、可調鋼管支柱不得連接使用。

二、高度超過 3.5 公尺者，每隔 2 公尺內設置足夠強度之縱向、橫向之水平繫條，並與牆、柱、橋墩等構造物或穩固之牆模、柱模等妥實連結，以防止支柱移位。

三、可調鋼管支撐於調整高度時，應以制式之金屬附屬配件為之，不得以鋼筋等替代使用。

四、上端支以梁或軌枕等貫材時，應置鋼製頂板或托架，並將貫材固定其上。

11

(4) 依「營造安全衛生設施標準」規定，對於隧道、坑道開挖作業，其豎坑深度超過多少公尺者，應設專供人員緊急出坑之安全吊升設備？
① 10　　　　　　　　　　② 15
③ 5　　　　　　　　　　④ 20

解析　根據「營造安全衛生設施標準」第 98 條：

雇主對於隧道、坑道開挖作業，如其豎坑深度超過 **20 公尺**者，應設專供人員緊急出坑之安全吊升設備。

12

(3) 依「營造安全衛生設施標準」規定，從事露天開挖作業時，開挖出之土石應常清理，不得堆積於與開挖面高度等值之坡肩寬度範圍內以及何處？
①開挖面 45 度方向　　　　②開挖面側方
③開挖面上方　　　　　　　④開挖面下方

解析　根據「營造安全衛生設施標準」第 65 條第 3 款：

雇主僱用勞工從事露天開挖作業時，為防止地面之崩塌或土石之飛落，應採取下列措施：

三、開挖出之土石應常清理，不得堆積於 **開挖面之上方** 或與開挖面高度等值之坡肩寬度範圍內。

13

（ 1 ） 依「營造安全衛生設施標準」規定，對於同一作業場所使用之鋼
管，因鋼管厚度、外徑及強度相異時，為防止選用鋼管之混淆，應
採取使勞工易於識別之方式為何？

①顏色標示　　　　　　　②公告規格

③口頭告知　　　　　　　④教育訓練

解析　根據「營造安全衛生設施標準」第 62 條：

雇主對於同一作業場所使用之鋼管，其厚度、外徑及強度相異時，
為防止鋼管之混淆，應分別對該鋼管以顏色或其他方式標示等，使
勞工易於識別。

14

（ 4 ） 依「營造安全衛生設施標準」規定，進行鋼構組配作業前，應擬訂
作業計畫，並使勞工遵循，下列何者不在該作業計畫法定範圍內？

①安全作業方法及標準作業程序

②防止構材及其組配件飛落或倒塌之方法

③設置能防止作業勞工發生墜落之設備及其設置方法

④決定接合構件尺寸及指揮勞工作業

解析　根據「營造安全衛生設施標準」第 149-1 條：

雇主進行前條鋼構組配作業前，應擬訂包括下列事項之作業計畫，
並使勞工遵循：

一、安全作業方法及標準作業程序。

二、防止構材及其組配件飛落或倒塌之方法。

三、設置能防止作業勞工發生墜落之設備及其設置方法。

四、人員進出作業區之管制。

雇主應於勞工作業前，將前項作業計畫內容使勞工確實知悉。

15

(3) 依「營造安全衛生設施標準」規定，對於沉箱、沉筒、井筒等之設備內部，從事開挖作業時，應測定空氣中氧氣之濃度及何項氣體之濃度？
①惰性氣體 　　　　　　　②氮氣
③有害氣體 　　　　　　　④不活性氣體

解析 根據「營造安全衛生設施標準」第 104 條第 1 款：

雇主對於沉箱、沉筒、井筒等之設備內部，從事開挖作業時，應依下列規定辦理：

一、應測定空氣中氧氣及有害氣體之濃度。

16

(2) 依「營造安全衛生設施標準」規定，施工架任一處步行至最近上下設備之距離，應在多少公尺以下？
① 35 　　　　　　　　　　② 30
③ 20 　　　　　　　　　　④ 25

解析 根據「營造安全衛生設施標準」第 51 條第 2 款：

雇主於施工架上設置人員上下設備時，應依下列規定辦理：

二、施工架任一處步行至最近上下設備之距離，應在 **30** 公尺以下。

17

(2) 依「營造安全衛生設施標準」規定，框式鋼管式施工架之構築，最上層及每隔幾層應設置水平梁？
① 3 　　　　　　　　　　② 5
③ 6 　　　　　　　　　　④ 4

解析 根據「營造安全衛生設施標準」第 61 條第 1 款：

雇主對於框式鋼管式施工架之構築，應依下列規定辦理：

一、最上層及每隔 **5** 層應設置水平梁。

18

(1) 依「營造安全衛生設施標準」規定，對於橋梁工程之預力施作時機為何？

①混凝土達可施拉強度時　　　②設置警告標示後

③鋼鍵固定後　　　　　　　　④施拉預力之千斤頂確認正常後

解析 根據「營造安全衛生設施標準」第 131-2 條第 1 項：

雇主對於預力混凝土構造物之預力施作，應俟混凝土達一定之強度，始得放鬆或施拉鋼鍵，且施拉預力之千斤頂及油壓機等機具，應妥為固定。

19

(3) 依「營造安全衛生設施標準」規定，對模板支撐以梁支持時，於梁與梁間設置繫條之目的為何？

①防止滑落　　　　　　　　②防止偏心載重

③防止橫向移動　　　　　　④防止脫落

解析 根據「營造安全衛生設施標準」第 139 條第 2 款：

雇主對模板支撐以梁支持時，應依下列規定辦理：

二、於梁與梁之間設置繫條，以防止橫向移動。

20

(1) 依「營造安全衛生設施標準」規定，鋼構組配作業應擬訂作業計畫，並應於何時使勞工確實知悉作業計畫內容？

①勞工作業前　　　　　　　②作業有事故之虞時

③勞工有疑問時　　　　　　④勞工作業中

解析 根據「營造安全衛生設施標準」第 149-1 條：

雇主進行前條鋼構組配作業前，應擬訂包括下列事項之作業計畫，並使勞工遵循：

一、安全作業方法及標準作業程序。

二、防止構材及其組配件飛落或倒塌之方法。

三、設置能防止作業勞工發生墜落之設備及其設置方法。

四、人員進出作業區之管制。

雇主應於勞工作業前，將前項作業計畫內容使勞工確實知悉。

21

（ 4 ）依「營造安全衛生設施標準」規定，拆除模板之時機，應依構造物之物質、形狀、混凝土強度及試驗結果、當地氣候情況及何處之工作情形，確認構造物已達安全強度之拆模時間後，始能為之？

①構造物側方　　　　　　②構造物下方

③模板下方　　　　　　　④構造物上方

解析　根據「營造安全衛生設施標準」第 147 條：

雇主應依構造物之物質、形狀、混凝土之強度及其試驗結果、構造物上方之工作情形及當地氣候之情況，確認構造物已達到安全強度之拆模時間，方得拆除模板。

22

（ 1 ）依「營造安全衛生設施標準」規定，為防止落磐、湧水等危害勞工，應事前實施地質調查；以鑽探、試坑、震測或其他適當方法，確定開挖區之地表形狀、地層、地質、岩層變動情形及斷層與含水砂土地帶之位置、地下水位之狀況等作成紀錄，並繪出詳圖，係針對下列何項作業？

①隧道、坑道開挖作業　　②露天開挖作業

③模板支撐　　　　　　　④鋼筋混凝土作業

解析　根據「營造安全衛生設施標準」第 80 條第 1 款：

雇主對於隧道、坑道開挖作業，為防止落磐、湧水等危害勞工，應依下列規定辦理：

一、事前實施地質調查；以鑽探、試坑、震測或其他適當方法，確定開挖區之地表形狀、地層、地質、岩層變動情形及斷層與含水砂土地帶之位置、地下水位之狀況等作成紀錄，並繪出詳圖。

23

（ 1 ） 依「營造安全衛生設施標準」規定，有關墜落災害防止設施之敘述中，下列採取之先後順序規劃，何者為正確？ a. 張掛安全網；b. 限制作業人員進入管制區；c. 設置護欄、護蓋；d. 經由設計或工法之選擇，儘量使勞工於地面完成作業，減少高處作業項目；e. 設置警示線系統；f. 經由施工程序之變更，優先施作永久構造物之上下設備或防墜設施；g. 使勞工佩掛安全帶。

① d-f-c-a-g-e-b　　　　　② c-d-e-f-g-a-b
③ d-e-f-c-a-b-g　　　　　④ a-b-d-c-e-f-g

解析　根據「營造安全衛生設施標準」第 17 條：

雇主對於高度 2 公尺以上之工作場所，勞工作業有墜落之虞者，應訂定墜落災害防止計畫，依下列風險控制之先後順序規劃，並採取適當墜落災害防止設施：

一、經由設計或工法之選擇，儘量使勞工於地面完成作業，減少高處作業項目。

二、經由施工程序之變更，優先施作永久構造物之上下設備或防墜設施。

三、設置護欄、護蓋。

四、張掛安全網。

五、使勞工佩掛安全帶。

六、設置警示線系統。

七、限制作業人員進入管制區。

八、對於因開放邊線、組模作業、收尾作業等及採取第 1 款至第 5 款規定之設施致增加其作業危險者，應訂定保護計畫並實施。

24

（ 2 ） 依「營造安全衛生設施標準」規定，從事露天開挖作業時，為防止地面之崩塌或土石之飛落，應指定專人確認作業地點及其附近之地面有無龜裂、有無湧水、土壤含水狀況、地層凍結狀況及其地層變化等情形，並採取必要之安全措施，上述措施之實施時機不包括下列何項？
　　①四級以上地震後　　　　　　②強風後
　　③作業前　　　　　　　　　　④大雨後

解析　根據「營造安全衛生設施標準」第 65 條第 1 款：

雇主僱用勞工從事露天開挖作業時，為防止地面之崩塌或土石之飛落，應採取下列措施：

一、作業前、大雨或四級以上地震後，應指定專人確認作業地點及其附近之地面有無龜裂、有無湧水、土壤含水狀況、地層凍結狀況及其地層變化等情形，並採取必要之安全措施。

25

（ 4 ） 依「營造安全衛生設施標準」規定，雇主對於使用機具拆除構造物時，應設置之作業區，下列敘述何者錯誤？
　　①使用夾斗或具曲臂之機具時，應以其周圍大於夾斗或曲臂之運行線 8 公尺以上設置作業區
　　②機具拆除應在作業區內操作
　　③作業區內除操作人員外，禁止無關人員進入
　　④使用重力錘時，應以撞擊點為中心，構造物高度 2 倍以上之距離為半徑設置作業區

解析　根據「營造安全衛生設施標準」第 159 條：

雇主對於使用機具拆除構造物時，應依下列規定辦理：

一、使用動力系鏟斗機、推土機等拆除機具時，應配合構造物之結構、空間大小等特性妥慎選用機具。

二、使用重力錘時，應以撞擊點為中心，構造物高度 **1.5** 倍以上之距離為半徑設置作業區，除操作人員外，禁止無關人員進入。

三、使用夾斗或具曲臂之機具時，應設置作業區，其周圍應大於夾斗或曲臂之運行線 **8** 公尺以上，作業區內除操作人員外，禁止無關人員進入。

四、機具拆除，應在作業區內操作。

五、使用起重機具拆除鋼構造物時，其裝置及使用，應依起重機具有關規定辦理。

六、使用施工架時，應注意其穩定，並不得緊靠被拆除之構造物。

26

（ 1 ） 模板支撐支柱之基礎，依「營造安全衛生設施標準」之規定，應依土質狀況辦理事項，下列何者有誤？
①回填黏土或沙石　　　　　②整平並滾壓夯實
③挖除表土及軟弱土層　　　④舖設足夠強度之覆工板

解析 根據「營造安全衛生設施標準」第 132 條：

雇主對於模板支撐支柱之基礎，應依土質狀況，依下列規定辦理：

一、挖除表土及軟弱土層。

二、回填礫石、再生粒料或其他相關回填料。

三、整平並滾壓夯實。

四、鋪築混凝土層。

五、舖設足夠強度之覆工板。

六、注意場撐基地週邊之排水，豪大雨後，排水應宣洩流暢，不得積水。

七、農田路段或軟弱地盤應加強改善，並強化支柱下之土壤承載力。

1-4　職業安全衛生概論

01

（ 4 ）職業災害原因分析時，勞工未使用雇主提供防護具屬於哪一種缺失？
① 不安全環境
② 不安全狀態
③ 不安全設施
④ 不安全動作

解析　不安全的動作佔職業災害最大宗，常見的包含清潔、加油、修理運轉中，送電或加壓中的設備，未使用個人防護具／使用防護具失當，穿戴不安全的衣飾（散髮、長袖、寬鬆衣服），或是開玩笑、惡作劇，甚至以不安全的位置或姿勢作業。

02

（ 3 ）事故之防止可運用 3E 原則，即工程、教育及下列何者？
① 平等
② 激勵
③ 執行
④ 經濟

解析　職業安全衛生或事故傷害預防中的 3E 指的是：

教育（Education）、工程（Engineering）及執行（Enforcement）。

03

（ 2 ）某公司承包衛生下水道次幹管，於推進工作井鑽挖過程，鑽破無預期之瓦斯管，請問該公司應如何作為？
① 通知消防人員到場警戒，立即回填
② 立即停工，圍起封鎖線，派員警戒並指揮周邊人車通行，通知瓦斯公司人員到場處理
③ 通知業主變更設計後再行施工
④ 拍照存證，立即回填後撤離現場，等候通知復工再行進場施工

解析 瓦斯為可燃性氣體，自瓦斯管線被挖破後釋放到空氣中與空氣混和後，如濃度達到爆炸下限且遇到火源時，將造成巨大的危險，對於工作者屬於有立即發生危險之虞，因此必須先停止其工作，並使其退避至安全場所，此外為了避免外部人員與火源接近洩漏點，事發地點也須予以封閉管制，使無關人員無法進入該區域，最後通知瓦斯公司請其派員協助關閉瓦斯源頭，避免災情擴大。

04

(1) 職業災害發生之原因可分為直接原因、間接原因及基本原因，下列何者係屬直接原因？
①能量　　②不安全行為
③管理上的缺陷　　④不安全狀況

解析 職業災害的直接原因是發生事故的直接危害之能量及加害物，其餘不安全行為及狀況屬於間接原因，而管理上的缺陷屬於基本原因。

05

(2) 我國最高勞工行政主管機關為下列何者？
①經濟部　　②勞動部
③勞工保險局　　④內政部

解析 勞動部為全國勞動業務之主管機關，主要掌理勞動政策規劃、國際勞動事務之合作及研擬；勞動關係制度之規劃及勞動關係事務之處理；勞工保險、退休、福祉之規劃、管理及監督；勞動基準與就業平等制度之規劃及監督；職業安全衛生與勞動檢查政策規劃及業務推動之監督；勞動力供需預測、規劃與勞動力發展及運用之監督；勞動法律事務之處理與相關法規之制（訂）定、修正、廢止及解釋；勞動統計之規劃、彙整、分析及管理；勞動與職業安全衛生之調查及研究等勞動事項。

06

（ 2 ） 為防止機械夾捲、切割傷害，下列何者為不安全之行為？
　　① 將長髮繫綁　　　　　　　② 穿寬鬆衣服
　　③ 穿戴適當防護具　　　　　④ 不穿戴圍巾

解析 不安全的動作佔職業災害最大宗，常見的包含清潔、加油、修理運轉中，送電或加壓中的設備，未使用個人防護具／使用防護具失當，穿戴不安全的衣飾（散髮、長袖、寬鬆衣服），或是開玩笑、惡作劇，甚至以不安全的位置或姿勢作業。

07

（ 3 ） 交流電焊機未設置自動電擊防止裝置，致勞工於作業時不慎碰觸感電，其災害之間接原因下列何者？
　　① 不安全制度　　　　　　　② 不安全動作
　　③ 不安全設備　　　　　　　④ 天災

解析 不安全的設備（與環境）屬於間接原因，其中常見的包含：工具、機器或設備有缺陷，照明刺眼或照度不足的場所，通風換氣不良，安全通報、警報系統不良等等。

08

（ 2 ） 下列何者非職業災害發生的間接原因？
　　① 未依標準作業程序操作　　② 安全衛生管理不善
　　③ 未提供安全設備　　　　　④ 未提供安全護具

解析 基本原因：通常指雇主對於人為與環境因素的管理缺陷，例如：未訂定安全衛生政策，未訂定標準作業程序，未提供適當之安全衛生防護器材或是不佳的溝通協調如未使勞工充分了解職責與工作環境狀況。

間接原因：通常是指不安全環境及不安全行為。

(3) 勞工不遵守安全衛生工作守則規定，屬於下列何者？
　　①不安全環境　　　　　　②公害
　　③不安全行為　　　　　　④不安全設備

| **解析** | 不安全的行為（或動作）包含：

一、未經授權任意操作儀器。

二、不適當的操作儀器，未遵守標準作業程序。

三、不使用個人防護具，或使用不適當的防護具。

四、不遵守安全衛生工作守則。

10

(2) 發生職業災害大都是因為？
　　①天意　　　　　　　　　②人為
　　③別人　　　　　　　　　④陷阱

| **解析** | 職業災害的發生大多由不安全的行為造成，也就是人為的疏失佔最大宗。

(2) 在工地工作時應注意？
　　①要拆除護欄　　　　　　②要戴安全帽
　　③要脫鞋　　　　　　　　④要唱歌

| **解析** | 進入工地應隨時注意戴著安全帽，且頤帶需扣好在適當位置。

12

（ 3 ）下列何者非勞工義務？
①接受健康檢查 ②接受安全衛生教育訓練
③提供安全衛生設備及措施 ④遵守工作守則

| 解析　「職業安全衛生法」第 5 條規定：雇主使勞工從事工作，應在合理可行範圍內，採取必要之預防設備或措施，使勞工免於發生職業災害。因此提供安全衛生設備及措施屬於雇主的義務與責任。

13

（ 3 ）為防止人員墜落，懸臂工作車之工作人員應佩戴？
①反光背心 ②口罩
③安全帶 ④絕緣手套

| 解析　由於正確的佩戴安全帶可以有效地防止人員於高處墜落時造成的傷害，因此在懸臂工作車的工作者皆須佩戴安全帶以防止墜落危害。

14

（ 4 ）戴用安全帽要注意？
①調整頭帶 ②使用頤帶
③合格標籤 ④以上皆是

| 解析　選用安全帽時不但需要選用具有合格標籤的安全帽，頤帶與頭帶之位置也需適當固定。

15

（ 3 ）下列何者為職業衛生最優先考慮之危害控制方法？
①局部排氣 ②個人防護具
③取代 ④整體換氣

解析 依據風險控制的優先順序，應為消除、取代、工程控制、行政管理，最後才是個人防護具。局部排氣與整體換氣皆是工程控制(改善)的一種，故此題應選取代。

16

（ 2 ） 依據行政院公共工程委員會於106.6.16修正之施工日誌範本，應確認新進勞工是否提報勞工保險資料及安全衛生教育訓練紀錄等工地職業安全衛生事項之督導，並應由何人簽章？

①雇主　　　　　　　　　②工地主任

③職業安全衛生管理人員　④專任工程人員

解析 依據公共工程施工日誌【註6】記載，施工前檢查事項所列工作應由「職業安全衛生管理辦法」第3條規定所置職業安全衛生人員於每日施工前辦理，工地主任負責督導及確認該事項完成後於施工日誌填載。

17

（ 3 ） 雇主對下列何事項不須有符合規定之必要安全衛生設備及措施？

①防止機械、設備等引起之危害　②防止爆炸性等物質引起之危害

③防止感冒之危害　　　　　　　④防止電、熱引起之職災

解析 根據「職業安全衛生法」第6條規定，雇主對下列事項應有符合規定之必要安全衛生設備及措施：

一、防止機械、設備或器具等引起之危害。

二、防止爆炸性或發火性等物質引起之危害。

三、防止電、熱或其他之能引起之危害。

四、防止採石、採掘、裝卸、搬運、堆積或採伐等作業中引起之危害。

五、防止有墜落、物體飛落或崩塌等之虞之作業場所引起之危害。

六、防止高壓氣體引起之危害。

七、防止原料、材料、氣體、蒸氣、粉塵、溶劑、化學品、含毒性物質或缺氧空氣等引起之危害。

八、防止輻射、高溫、低溫、超音波、噪音、振動或異常氣壓等引起之危害。

九、防止監視儀表或精密作業等引起之危害。

十、防止廢氣、廢液或殘渣等廢棄物引起之危害。

十一、防止水患、風災或火災等引起之危害。

十二、防止動物、植物或微生物等引起之危害。

十三、防止通道、地板或階梯等引起之危害。

十四、防止未採取充足通風、採光、照明、保溫或防濕等引起之危害。

18

（ 4 ） 下列何者勞工，不得使其從事高架作業？

①酒醉或有酒醉之虞者

②身體虛弱，經醫師診斷認為身體狀況不良者或勞工自覺不適從事工作者

③情緒不穩定，有安全顧慮者或其他經主管人員認定者

④以上皆是

解析　「高架作業勞工保護措施標準」第 8 條規定：

勞工有下列情事之一者，雇主不得使其從事高架作業：

一、酒醉或有酒醉之虞者。

二、身體虛弱，經醫師診斷認為身體狀況不良者。

三、情緒不穩定，有安全顧慮者。

四、勞工自覺不適從事工作者。

五、其他經主管人員認定者。

19

（ 4 ）　工地實施人員進場管制，依公司規定應管制事項應有哪些？
　　　　①勞工安全衛生教育訓練
　　　　②勞工應加入勞工保險
　　　　③勞工進場前應簽署工作環境危害告知單
　　　　④以上皆是

解析　作業人員進場管制，於工作場所出入口、作業場所（如局限空間、高架作業等）建立管制性檢查制度，例如實施安全衛生教育訓練、健康檢查、簽署工作危害告知單及參加勞工保險等之查核。

20

（ 1 ）　下列何者非屬防止搬運事故的一般原則？
　　　　①儘量增加搬運距離　　　　②以機動車輛搬運
　　　　③以機械代替人力　　　　　④採取適當之搬運方法

解析　依據「職業安全衛生設施規則」第 155 條規定：

雇主對於物料之搬運，應儘量利用機械以代替人力，凡 40 公斤以上物品，以人力車輛或工具搬運為原則，500 公斤以上物品，以機動車輛或其他機械搬運為宜；運輸路線，應妥善規劃，並作標示。

故增加搬運距離反而對搬運作業造成更多的風險。

21

（ 4 ）　在職安衛管理方面，工地工程師權責：
　　　　①每日巡檢　　　　　　　　②監督作業勞工安全
　　　　③維護安全設施、設備之有效性　④以上皆是

解析　工地工程師應確認施工安全設施有無須要加強之處，檢視協議事項、連繫與調整事項、作業程序、方法是否落實施工安全計畫及職業安全衛生管理計畫，並及時處理現場狀況，維護設施設備之安全

有效，提高作業人員注重工作安全與規律。在巡視時如發現承攬人或其作業人員有違法情事應予以糾正。巡視之結果應每日就異常之有無及糾正結果予以記錄備查。

22

(2) 下列何者屬不安全的行為？
①不適當之支撐或防護　　②未使用防護具
③不適當之警告裝置　　　④有缺陷的設備

解析　不安全的行為：未經授權操作機器，現場嬉戲、使用含酒精之飲料、未使用防護具。

不安全的狀況：不良的通風、照明不足、有缺陷之工具、設備或供應器具等。

23

(2) 在緊急應變時，事故區域之擬定，通常將除污區設置於下列何者？
①冷區　　　　　　　　　②暖區
③禁區　　　　　　　　　④熱區

解析　根據「緊急應變措施技術指引」：

(二) 事故區域管制擬訂

一般管制區域分為熱區或稱災區（Hot Zone）、暖區或稱警戒區（Warm Zone，化學災害稱除污區）、冷區或稱安全區（Cold Zone）。

營造業管理制度

2-1 營造業職業安全衛生管理系統 甲 乙 丙
(含管理計畫及管理規章)

01

（ 2 ） 下列有關營造業職業安全衛生管理系統組織設計之敘述，何者錯誤？

① 應建立安全衛生管理組織架構並製作組織編制體系圖表

② 安全衛生管理組織架構及各級管理人員之權責如有修訂、職務調整等，以書面通知當事人及所屬單位即可

③ 安全衛生管理組織架構及各級管理人員之權責，應以書面通知勞工及各承攬商與相關人員

④ 營造業者應設置相關組織，指派權責人員，分別辦理各相關工作

解析 根據「營造業職業安全衛生管理系統指引」之 4.1.2.1 安全衛生組織及權責說明：

營造業為確保營造工程推動過程符合安全衛生管理系統之需求，應依下列原則建立安全衛生組織：

一、指派高階主管為管理代表，負責職業安全衛生管理系統之建立、實施、審查、評估、改善等事宜，並推動組織內所有勞工參與。

二、訂定公司、分公司、工地各層級安全衛生組織及其權責。

三、明定各層級主管及安全衛生管理人員之職責。

四、將管理代表、安全衛生組織、各層級管理人員之組織及職責等明確告知勞工及各承攬商與相關人員。

五、依據安全衛生組織及管理計畫之需求，編列所需經費與人力，以確保安全衛生管理系統之有效運作。

02

（ 1 ） 下列何者為營造業辦理職業安全衛生管理計畫訂定內容之依據？
① 職業安全衛生法施行細則第 31 條
② 勞動檢查法第 26 條
③ 危險性工作場所審查及檢查辦法
④ 職業安全衛生管理辦法

│解析│ 根據「職業安全衛生法施行細則」第 31 條規定，職業安全衛生管理計畫包括下列事項：

一、工作環境或作業危害之辨識、評估及控制。

二、機械、設備或器具之管理。

三、危害性化學品之分類、標示、通識及管理。

四、有害作業環境之採樣策略規劃及監測。

五、危險性工作場所之製程或施工安全評估。

六、採購管理、承攬管理及變更管理。

七、安全衛生作業標準。

八、定期檢查、重點檢查、作業檢點及現場巡視。

九、安全衛生教育訓練。

十、個人防護具之管理。

十一、健康檢查、管理及促進。

十二、安全衛生資訊之蒐集、分享及運用。

十三、緊急應變措施。

十四、職業災害、虛驚事故、影響身心健康事件之調查處理及統計分析。

十五、安全衛生管理紀錄及績效評估措施。

十六、其他安全衛生管理措施。

03

（ 4 ） 營造業職業安全衛生管理系統稽核之目的為何？
① 提供主管機關制訂職業安全衛生管理政策及施政目標之參考
② 用以查核特定分包商職業安全衛生管理成效
③ 了解工地主任職業安全衛生管理績效
④ 確認職業安全衛生管理系統運作之成效

解析 根據「營造業職業安全衛生管理系統指引」之系統稽核說明：

於安全衛生計畫推動期間，定期對營造業進行調查、評估，以瞭解是否依所建立之安全衛生管理系統適切推動各項工作。且需確認職業安全衛生管理系統運作的落實度與有效性，且透過外部驗證機構的稽核，提出需要改進事項，由有關單位進行檢討改進，以提升職業安全衛生管理系統運作的成效。

04

（ 2 ） 依「職業安全衛生管理辦法」規定，下列何者非屬承攬管理計畫相關執行紀錄應登載之內容？
① 危險作業管制　　　　　② 職業安全衛生政策
③ 緊急應變及安全衛生績效評估　④ 職業災害通報

解析 根據「職業安全衛生管理辦法」第 12-5 條規定：

第 12 條之 2 第 1 項之事業單位，以其事業之全部或一部分交付承攬或與承攬人分別僱用勞工於同一期間、同一工作場所共同作業時，除應依「職業安全衛生法」第 26 條或第 27 條規定辦理外，應就承攬人之安全衛生管理能力、職業災害通報、危險作業管制、教育訓練、緊急應變及安全衛生績效評估等事項，訂定承攬管理計畫，並促使承攬人及其勞工，遵守職業安全衛生法令及原事業單位所定之職業安全衛生管理事項。

前項執行紀錄，應保存 3 年。

05

(1) 營造業職業安全衛生管理系統指引之訂定依據為何？
① 營造業經營管理特性及國際勞工組織之建議
② 行政院會決議
③ 營造業全國聯合會建議
④ 營造安全衛生設施標準之規定

│解析│ 管理系統指引係參照行政院勞動部頒布之「臺灣職業安全衛生管理系統指引（TOSHMS）」，既有系統架構無法滿足營造業特性，如國際勞工組織公佈之 ILO-OSH 2001 職業安全衛生管理系統指引或 OHSAS 18001，再配合營造業特性，依「規劃－實施－查核－改進」之管理循環，強化公司與工地由經營管理者與勞工雙方合作持續推動系統性之安全衛生自主管理活動，以降低職業災害，改善職場勞動安全衛生設施，保障勞工安全與健康，提升安全衛生水準。

06

(1) 依據「職業安全衛生管理辦法」下列敘述何者正確？
① 營造業僱用勞工人數 200 人以上者，應建立職業安全衛生管理系統
② 營造業承攬公共工程金額達 10 億元以上之工程依據職業安全衛生法建置職業安全衛生管理系統
③ 營造業年度營業額達新台幣 10 億元以上者應依據 CNS 15506 建立職業安全衛生管理系統
④ 營造業僱用勞工達 100 人以上者，應依據 TOSHMS 建置職業安全衛生管理系統。

│解析│ 營造業為第一類事業，根據「職業安全衛生管理辦法」第 12-2 條規定：
下列事業單位，雇主應依國家標準 CNS 45001 同等以上規定，建置適合該事業單位之職業安全衛生管理系統，並據以執行：
一、第一類事業勞工人數在 200 人以上者。

二、第二類事業勞工人數在 500 人以上者。

三、有從事石油裂解之石化工業工作場所者。

四、有從事製造、處置或使用危害性之化學品，數量達中央主管機
　　關規定量以上之工作場所者。

前項安全衛生管理之執行，應作成紀錄，並保存 3 年。

07

（ 1 ） 下列何者非屬「職業安全衛生管理系統」中有關承攬管理績效評估
之內容？
①施工進度管理
②安全衛生設施之設置及維護狀況
③參與安全衛生協議組織會議狀況及決議事項辦理情形
④分項工程計畫之訂定及執行情形

解析 　根據「承攬管理技術指引」說明，有關承攬管理績效評估之內容可
考量；

一、安全衛生協調會議參與狀況及會議指示事項之辦理情形。

二、負責人及職業安全衛生管理人員與事業單位相關人員之聯繫與
　　溝通情形。

三、施工計畫、安全衛生管理計畫之製作情形。

四、新進人員教育訓練及工地安全衛生教育訓練之實施情形。

五、法定安全衛生資格人員之配置、常駐工地及執行業務之狀態。

六、作業場所之作業巡視之狀態。

七、訂定及落實安全作業標準之狀態。

八、機械、設備、器具、資材等之管制及安全檢點之狀態。

九、整理、整頓、清潔、清掃、紀律（5S）之實施狀況。

十、個人防護具使用狀況、安全衛生法規及相關管制規定之遵守狀況。

十一、事件通報、發生件數及後續處理與改善之狀況。

依據上述，施工進度管理非為承攬商安全衛生績效評估考量事項。

08

（ 2 ） 下列有關營造業職業安全管理系統指引之敘述，何者錯誤？

① ISO 45001 係國際標準協會制訂以取代 OHSAS 18001 之國際標準

② 營造業應依 TOSHMS 建置並運作職業安全衛生管理系統，與 ISO 31000 之規定無關

③ 已取得 OHSAS 18001 認證之事業單位，應於 ISO 45001 頒訂後 3 年內改版，並換證

④ 營造業依 CNS 15506 取得職業安全衛生管理系統認證合格，仍於指定期限內依 ISO 45001 規定辦理改版

解析 根據「營造業職業安全衛生管理系統指引」之目的說明如下：

「營造業職業安全衛生管理系統指引」係參照行政院勞工委員會（現為勞動部）頒布之「臺灣職業安全衛生管理系統指引（TOSHMS）」，配合營造業特性，依「規劃－實施－查核－改進」之管理循環，強化公司與工地由經營管理者與勞工雙方合作持續推動系統性之安全衛生自主管理活動，以降低職業災害，改善職場勞動安全衛生設施，保障勞工安全與健康，提升安全衛生水準。

TOSHMS 驗證標準為 CNS 45001，而 CNS 45001 為 ISO 45001 不變更技術內容轉換過來，其參考資料包含 ISO 31000 風險管理 - 原則與指導綱要。

09

（ 1 ） 下列有關營造業職業安全衛生管理績效評估之敘述，何者正確？

① 應建立績效監督與量測程序辦理

② 應由法定之安全衛生人員專責獨立辦理

③ 應由勞動檢查機構之績效認可單位實施

④ 應由管理代表實施

解析 根據「營造業職業安全衛生管理系統指引」之績效監督與量測說明如下：

營造業應建立績效之監督與量測程序，以掌握系統運作之有效性：

一、於管理組織中明定各不同層級人員，應實施績效監督與量測之責任。

二、依據績效監督與量測結果，定期評估系統運作之有效性，以供必要修正及因應。

三、依據工程性質及組織規模，設定主動式監督與被動式監督之方式，並依性質選擇採用定性或定量之量測方法。

四、提供實施績效監督與量測所需必要之支援。

10

（ 3 ） 依據「職業安全衛生管理辦法」，下列何者應建立職業安全衛生管理系統？
① 勞工人數在 100 人以上之金融業
② 採用危險性機械設備施工之工程
③ 勞工人數在 200 人以上之營造業
④ 承攬工程屬勞動檢查法第 26 條規定之危險性工作場所者

解析 根據「職業安全衛生管理辦法」第 12-2 條規定：下列事業單位，雇主應依國家標準 CNS 45001 同等以上規定，建置適合該事業單位之職業安全衛生管理系統，並據以執行：

一、第一類事業勞工人數在 200 人以上者。

二、第二類事業勞工人數在 500 人以上者。

三、有從事石油裂解之石化工業工作場所者。

四、有從事製造、處置或使用危害性之化學品，數量達中央主管機關規定量以上之工作場所者。

前項安全衛生管理之執行，應作成紀錄，並保存 3 年。

本題選項③之營造業屬於第一類事業。

11

（ 4 ） 依營造業職業安全衛生管理系統指引規定，應如何實施營造業職業安全衛生管理績效監督？
①於職業安全衛生管理組織及人員之職掌中明訂權責實施
②由安全衛生人員提報管理審查
③由作業主管實施以確保作業安全
④依據工程性質及組織規模，設定主動式監督與被動式監督方式

解析 根據「營造業職業安全衛生管理系統指引」之績效監督與量測說明，營造業應建立推動績效之監督與量測程序，以掌握系統運作之有效性：

一、於管理組織中明定各不同層級人員，應實施績效監督與量測之責任。

二、依據績效監督與量測結果，定期評估系統運作之有效性，以供必要修正及因應。

三、依據工程性質及組織規模，設定主動式監督與被動式監督之方式，並依性質選擇採用定性或定量之量測方法。

四、提供實施績效監督與量測所需必要之支援。

12

（ 2 ） 下列有關營造職業安全衛生管理系統目標之敘述，何者錯誤？
①工地主任應依據公司所定安全衛生政策及目標，考量承辦工程師特性及風險評估結果，訂定工地執行之安全衛生目標
②職業安全衛生目標訂定之依據與近年職業災害發生狀況無關
③營造業應訂定安全衛生目標，告知勞工及各承攬商等知悉
④安全衛生目標應儘可能量化。

解析 職業安全衛生目標可為短期、中期或長期，且具有質化及可量化之被動式及主動式績效指標。訂定關鍵績效指標（KPI）時，需以風

險思維考量職業安全衛生管理計畫內實施項目之預期效益，並符合 SMART 原則，以協助機關（構）達成可實現的目標。SMART 原則包含如下：須具體且定義明確（Specific）；須有足夠的數據用以執行分析及評估（Measurable）；容易理解，且可達到（Attainable）；與安全衛生政策、目標及計畫相關（Relevant）；具時限性（Time bound）。

13

（ 2 ） 下列有關職業安全衛生管理系統之敘述，何者正確？

① 承攬丁類危險性工作場所之工程，應實施施工安全評估後，建立職業安全衛生管理系統

② 職業安全衛生管理系統應包括：政策、組織設計、規劃與實施、評估、改善措施

③ 職業安全衛生管理系統應包括：規劃、實施、檢查、改正行動、管理代表

④ 營造業從業人數超過 100 人以上者，應建立職業安全衛生管理系統

解析 根據「臺灣職業安全衛生管理系統指引」第 4 點說明：

組織所建立的職業安全衛生管理系統，包括政策、組織設計、規劃與實施、評估和改善措施 5 個主要要素。

14

（ 1 ）　**下列何者為 ISO 45001 所定義之管理階層職責？**
①督導系統運作並提供資源　　②擬定職業安全衛生管理目標
③辦理員工教育訓練　　　　　④執行職業安全衛生稽核

解析　根據「台灣職業安全衛生管理系統指引」，管理階層的責任與義務應
包含：

一、雇主應負保護員工安全衛生的最終責任，而所有管理階層皆應
提供建立、實施及改善職業安全衛生管理系統所需的資源，並
展現其對職業安全衛生績效持續改善的承諾。

二、雇主及高階管理階層應規定各有關部門和人員的責任、義務與
權限，以確保職業安全衛生管理系統的建立、實施與執行績
效，並達到組織的職業安全衛生目標。

三、雇主應指派一名以上高階主管擔任管理代表，負責職業安全衛
生管理系統之建立、實施、定期審查及評估，並推動組織內全
體員工的參與。

15

（ 4 ）　**下列何者為營造業建置職業安全衛生管理系統先期審查之目的？**
①確認營造業現行職業安全衛生管理作為符合相關法令規定
②確保建置營造業職業安全衛生管理系統所需支應之經費，控制在
公司核定預算內
③確認公司財務狀況
④彙整分析相關法規、標準之規定，針對營造業經營管理特性，以
制定職業安全衛生管理系統

解析　根據「營造業職業安全衛生管理系統指引」說明先期審查之目的：

營造業應就職業安全衛生管理之推動需求，進行彙整分析，以確認
管理系統之建置，得以符合業者自身經營管理條件及相關法令規定
之需求。

上述主要提醒事業單位應建置適合其需求之本土化職業安全衛生管理系統。

16

（ 2 ） 下列有關營造業職業安全衛生管理系統稽核之敘述，何者錯誤？

①營造業者應訂定稽核程序，實施定期稽核，以確認安全衛生管理系統實施狀況

②為確保稽核作業契合施工專業及現場實際作業狀況，應由第一線工程師專責辦理

③營造業者應訂定稽核計畫，詳列稽核實施方式

④稽核結果應呈送管理代表後，通知被稽核單位，並追蹤辦理情形

解析 根據「營造業職業安全衛生管理系統指引」說明，營造業應建立下列稽核制度，以確認職業安全衛生管理系統運作之成效：

一、訂定稽核程序，實施定期稽核，以確認安全衛生管理系統各要件之實施狀況。

二、稽核應由組織內部或外部專業人員主導，且稽核人員應與被稽核部門之活動無利害關係。

17

（ 1 ） 事業單位訂定書面的職業安全衛生政策，不須傳達給下列何者？

①醫療機構　　　　　　②承攬人

③利害相關者　　　　　④勞工

解析 根據「營造業職業安全衛生管理系統指引」說明，訂定安全衛生政策：

營造業應訂定書面職業安全衛生政策，並傳達給勞工、承攬商及相關人員（利害相關者）。

18

（ 2 ）　下列有關營造業職業安全衛生管理系統預防及矯正措施之敘述，何者錯誤？

①依據績效監督與量測、事件調查、稽核及管理階層審查結果，研擬預防與矯正措施

②營造業不需建立並維持適當之預防及矯正措施程序

③發現危害預防及控制措施未臻完備時，應及時合理調整預防及控制措施

④改善措施應納入後續修訂職業安全衛生管理系統之參考依據

解析　根據「營造業職業安全衛生管理系統指引」說明預防及矯正措施，營造業應建立並維持下列適當之程序，以改善職業安全衛生管理系統之推動成效：

一、依據績效監督與量測、事件調查、稽核及管理階層審查結果，研擬預防與矯正措施。

二、發現危害預防及控制措施未臻完備時，應及時合理調整預防及控制措施。

三、改善措施應納入後續修訂職業安全衛生管理系統之參考依據。

19

（ 2 ）　職業安全衛生管理系統之預防與控制措施項目中，下列何者為第一優先採行的措施？

①設置安衛組織人員　　　　②消除危害及風險

③提供適當個人防護具　　　④實施教育訓練

解析　根據「風險評估技術指引」：

在決定控制措施，或是考慮變更現有控制措施時，應依據下列順序以考量降低風險：

一、消除。

二、取代。

三、工程控制措施。

四、標示 / 警告與 / 或管理控制措施。

五、個人防護器具。

2-2 施工風險評估
(含工程設計及施工規劃階段)

01

(1) 下列有關危險性工作場所施工安全評估成果運用之敘述，何者正確？

①依據評估成果修正，補充施工計畫書內容，送經勞動檢查機構審查通過後，通知工地進行危險場所部分工程

②施工安全評估報告書，送請監造單位核轉主辦機關審查後施工

③施工安全評估報告書，提送監造單位審查轉送勞動檢查機構備查，據以施工

④評估報告分別送請專任工程人員、作業主管、工地主任等審查簽署，送請勞動檢查機構審查，同時通知協力廠商進場施工

解析 根據「勞動檢查法」第 26 條規定，營造工程（丁類）之工作場所，非經勞動檢查機構審查或檢查合格，事業單位不得使勞工在該場所作業。

根據「危險性工作場所審查及檢查辦法」第 4 條第 1 項：

事業單位應於甲類工作場所、丁類工作場所使勞工作業 30 日前，向當地勞動檢查機構（以下簡稱檢查機構）申請審查。

根據「危險性工作場所審查及檢查辦法」第 20 條：

事業單位對經審查合格之工作場所，於施工過程中變更主要分項工程施工方法時，應就變更部分重新評估後，就評估之危害，採取必

要之預防措施，更新施工計畫書及施工安全評估報告書，並記錄之。

02

（ 4 ） 營造工程進行施工風險評估需就工程內容實施作業拆解，其目的為何？
① 分析作業循環時間，以規劃施工進度
② 作為使用機具、材料調度、購置之依據
③ 據以分析工程內容，計算工程數量，據以規劃工序
④ 掌握施工方法、程序、使用機具設備等狀況

│解析　施工風險評估及管理之內容，應就所擬施工計畫進行作業拆解，以明確工程作業及工作場所環境之詳細內容，據以實施風險評估及管理。施工風險評估及管理之準則，除依國際標準、國家標準、職業安全衛生法令、營建管理法令、相關指引、工程實務規範等外，應參照相關工程災害案例之防災對策辦理。

03

（ 2 ） 下列有關風險管理之敘述，何者錯誤？
① 主辦機關辦理工程採購應合理設定工程功能需求及工期
② 機具設備設計製造以產能為導向，操作安全應由使用者依各自之工作內容進行風險評估，與製造者無關
③ 施工規劃階段應實施風險評估
④ 辦理工程設計採購，應要求設計階段實施風險評估

│解析　根據「職業安全衛生法」第 5 條：
雇主使勞工從事工作，應在合理可行範圍內，採取必要之預防設備或措施，使勞工免於發生職業災害。
機械、設備、器具、原料、材料等物件之設計、製造或輸入者及工程之設計或施工者，應於設計、製造、輸入或施工規劃階段實施風險評估，致力防止此等物件於使用或工程施工時，發生職業災害。

04

（ 2 ） 甲公司將所承攬之大樓新建工程中帷幕吊裝工程交由乙公司承攬，
下列有關風險評估之敘述，何者正確？
① 帷幕牆吊裝作業計畫由甲公司擬定，交由乙公司進行風險評估
後，交還甲公司執行
② 乙公司研擬帷幕吊裝工程作業計畫，提送甲公司召集乙公司及相
關人員進行風險評估，依評估結果研擬對策後，交還乙公司修正
補充再提報甲公司核可後，依通知進場作業
③ 乙公司訂定帷幕牆吊裝作業計畫後提送甲公司併同整體工程實施
風險評估，乙公司無須參與
④ 乙公司研擬帷幕吊裝分項作業計畫並實施風險評估後提送甲公司
備查，依通知進場施工並負責管理該項工作施工安全

解析 參考「風險評估技術指引」部分內容：

一、乙公司應依其吊裝的流程辨識出所有的相關作業或工程。

二、風險評估的範圍應涵蓋大樓新建工程中與乙公司帷幕吊裝工程
相關聯的工作環境及作業，且須考量以往危害事件的經歷。

三、甲、乙公司執行風險評估的人員應給予必要的教育訓練，提升
其安全衛生知識及評估技能。

四、對於不可接受風險項目應依消除、取代、工程控制、管理控制
及個人防護具等優先順序，並考量現有技術能力及可用資源等
因素，採取有效降低風險的控制措施。

05

（ 1 ） 下列營造工程施工風險對策，何者應優先實施？
① 設計安全工法 　　　　　　② 落實個人防護具之使用
③ 假設工程及安全設施 　　　④ 訂定安全作業標準

解析 對不可接受之風險，應擬定風險對策，將風險控制在最低合理可行
範圍，以有效提升施工安全。風險對策之類型及採行之優先順序，
依序為：消除、取代、工程控制、管理控制、個人防護具等。應指

定風險對策之負責人員於期限內完成。因此以營造工地來說，優先順序應以安全之工法為第一優先採用，接續擬定風險處理計畫，並追蹤、管制風險對策之執行狀況及成效，當發現風險對策無法有效將風險控制在可接受範圍或衍生出新的風險時，應實施再評估，以研擬適當之對策因應。

06

（ 4 ） 下列有關營造風險特性敘述，何者錯誤？

① 營造工程內容常有高層建築、高架橋梁、地下深開挖、長隧道等艱困之任務，潛存之本質危害極高

② 營造業多採分包經營，承攬商管理及協調具相當不確定之風險

③ 營造工地多位於山區、水邊或不平整地形等惡劣之環境，多數作業需於戶外露天進行，作業場所之危害度極高

④ 現代營建機具多採自動化設計，操作安全性高，使用者依操作手冊作業即可確保安全

解析 營造業多為專業分包如模板工程、施工架組配、鋼筋綁紮工程等，尚無法以自動化機械替代人力，屬於勞力密集之產業。

營建機具包含推土機、平土機、鏟土機、碎物積裝機、刮運機、鏟刮機等地面搬運、裝卸用營建機械及動力鏟、牽引鏟、拖斗挖泥機、挖土斗、斗式掘削機、挖溝機等掘削用營建機械及打樁機、拔樁機、鑽土機、轉鑽機、鑽孔機、地鑽、夯實機、混凝土泵送車等基礎工程用營建機械。營建設備雖然自動化程度高，但大部分須操控人員，一旦有人就免不了職業災害之風險。

07

（ 1 ） 下列有關工程風險評估之敘述，何者錯誤？

① 工程主辦機關於工程規劃階段應實施風險評估

② 丁類危險性場所應實施施工安全評估

③ 工程設計階段應實施風險評估

④ 施工規劃階段應實施風險評估

| 解析　根據「職業安全衛生法」第 5 條：

雇主使勞工從事工作，應在合理可行範圍內，採取必要之預防設備或措施，使勞工免於發生職業災害。

機械、設備、器具、原料、材料等物件之設計、製造或輸入者及工程之設計或施工者，應於**設計、製造、輸入或施工規劃階段實施風險評估**，致力防止此等物件於使用或工程施工時，發生職業災害。

施工風險評估應由具備專業知識及施工經驗者（原事業單位及承攬商）依工程設計及施工規劃等成果，以沙盤推演方式，模擬施工狀況，以發掘作業內容於工作場所可能出現之風險情境。

08

（ 3 ） 下列何者為風險預防及控制措施最優先者？
①採行工程控制或管理手段降低風險
②採行施工安全規劃將危害及風險的影響降到最低
③採行安全設置以消除本質危害
④提供完整適當的個人防護具供勞工穿戴使用

| 解析　事業單位應訂定不可接受風險的判定基準，作為優先決定採取降低風險控制措施的依據。

可接受風險的判定基準並非持續固定不變，事業單位應依實際風險狀況及可用資源等因素，適時調整不可接受風險判定基準值，以達持續改善的承諾。

對於不可接受風險項目應依**消除**、取代、工程控制、管理控制及個人防護具等優先順序，並考量現有技術能力及可用資源等因素，採取有效降低風險的控制措施。

09

（ 1 ） 下列有關建築物增建工程應辦理事項之敘述，何者錯誤？

①增建部分高度超過 80 公尺、地下開挖達 18 公尺，且開挖面積達 500 平方公尺以上之工程，無須實施風險評估

②設計單位（建築師事務所）應實施工程設計階段風險評估

③工程承包商應實施施工規劃風險評估

④增建之鋼構組配作業前應指派所僱之職業安全衛生人員等專業人員辦理危害調查、評估

┃解析 　根據「危險性工作場所審查及檢查辦法」第 2 條第 4 款：

危險性工作場所分類如下：

四、丁類：指下列之營造工程：

（一）建築物高度在 80 公尺以上之建築工程。

（二）單跨橋梁之橋墩跨距在 75 公尺以上或多跨橋梁之橋墩跨距在 50 公尺以上之橋梁工程。

（三）採用壓氣施工作業之工程。

（四）長度 1,000 公尺以上或需開挖 15 公尺以上豎坑之隧道工程。

（五）開挖深度達 18 公尺以上，且開挖面積達 500 平方公尺以上之工程。

（六）工程中模板支撐高度 7 公尺以上，且面積達 330 平方公尺以上者。

根據上述選項①之狀況，營造工程無論大小，皆需要在施工前、施工中實施風險評估並適時修正。

10

（ 4 ） 下列有關營造工程施工風險評估方法選擇之敘述，何者錯誤？
① 應依據作業特性，選擇適當之評估方法
② 以能清楚分析作業情境，發掘潛在危害及其發生可能性、評估嚴重度之方法
③ 應依據工程複雜程度選擇之評估方法
④ 應一律採用風險矩陣進行評量

解析　風險評估的方法有很多，對某些情況而言，可採用單一評估方法來涵蓋所有的作業，但有些情況則須因不同的工作區域或工作性質等因素而採用不同的評估方法，例如自動化生產製程可能須用危害與可操作性分析、故障樹分析等製程安全評估方法來辨識控制系統失效時可能引起的危害及風險。勞力密集之營造業，選用工作安全分析方法可能較適合。

另外針對危害因子之風險評估亦有不同方法，不一定只採用風險矩陣，例如過勞、人因、職場暴力與母性健康保護有其特有之評估方法。

11

（ 3 ） 下列何者為施工安全評估過程，用以檢核「分項工程作業計畫」是否符合施工規範需求者？
① 特有災害評估表　　　　② 危害初步分析表
③ 基本事項檢討評估 - 乙表　④ 基本事項檢討評估 - 甲表

解析　附件中職業安全衛生管理基本事項檢討評估表（甲表）用於查核施工計畫書中之「職業安全衛生管理計畫」是否詳實、正確，符合職業安全衛生相關法規之規定，未完整者應予補充，並修正原編計畫書內容。

而分項工程作業基本事項檢討評估表（乙表）適用於查核施工計畫書中之分項工程作業計畫內容及依「主要作業程序分析表」所列拆

解結果（拆解至主要危害發生之作業）逐項查核有關「安全衛生設備、措施」是否符合職業安全衛生法規及相關施工規範標準，將成果彙整填列。

12

> （ 3 ）某一工程需跨越山谷架設吊橋，下列事項何者正確？
> ①橋塔設置高度 5 公尺以上施工架，應由工地主任詳實計算、分析、設計，並經專任工程人員簽章確認
> ②指派鋼構組配作業主管實施作業前危害調查
> ③於設計階段應實施風險評估，以確認設計成果之安全性
> ④職業安全衛生管理人員應全權負責施工規劃階段風險評估，並將評估結果落實於施工計畫等文件中

解析　一、設計階段實施風險評估，應考量工址內外環境及各項工程功能需求，以發掘潛在危害因素，納入發展設計方案過程考量。

二、評選工程設計方案時應將施工安全納入，並將優選方案需考量之施工安全衛生事項列出，以為後續發展設計方案時納入考量。

三、依設計成果預擬施工計畫（施工方法、程序、使用機具設備等），據以為施工風險評估之依據。

四、風險對策應優先考量設計，其次為選用安全性較高之施工方法，無法於設計階段消除或降低之風險，應充分反應於設計圖（如安全衛生設施參考圖）、施工安全衛生規範、安全衛生預算、合理工期等。

13

(2) 請問照片中營造工程中的作業人員
可能面臨何種風險？

① 局限空間

② 跌倒

③ 被撞

④ 有害物

解析　一、局限空間：指非供勞工在其內部從事經常性作業，勞工進出方
　　　　　法受限制，且無法以自然通風來維持充分、清淨空氣之空間。

二、跌倒：指人在同一平面倒下，拌跤或滑倒之情形。（含車輛機械
　　等跌倒，不含交通事故。）

三、被撞：指除物體飛落、物體倒崩、崩塌外，以物為主體碰觸到
　　人之情形。

四、有害物：符合國家標準 CNS 15030 分類，具有健康危害者。

根據照片中的作業人員，因作業中之物料可能面臨跌倒之風險。

14

(4) 下列有關丁類危險性工作場所施工安全評估，應經執業技師簽章之
　　敘述，何者錯誤？

① 模板支撐計算書及施工圖之審查簽章可由結構技師辦理

② 地質調查報告之審核簽章可由大地技師辦理

③ 施工架組配之施工圖之審核簽章可由土木技師辦理

④ 工業安全技師得辦理擋土支撐計算書及施工圖之審核簽章

解析　根據「危險性工作場所審查及檢查辦法」第 17 條：

事業單位向檢查機構申請審查丁類工作場所，應填具申請書，並檢
附施工安全評估人員及其所僱之專任工程人員、相關執業技師或開
業建築師之簽章文件，及下列資料各 3 份：

一、施工計畫書。

二、施工安全評估報告書。

前項專任工程人員、相關執業技師或開業建築師簽章文件，以職業安全衛生設施涉及專業技術部分之事項為限。

事業單位提出審查申請時，應確認專任工程人員、相關執業技師或開業建築師之簽章無誤。

對於工程內容較複雜、工期較長、施工條件變動性較大等特殊狀況之營造工程，得報經檢查機構同意後，分段申請審查。

依上述規定「前項專任工程人員、相關執業技師或開業建築師簽章文件，以職業安全衛生設施涉及專業技術部分之事項為限」。因此，工業安全技師得辦理職業安全衛生有關部分之審核簽章。

15

（ 4 ） 運用風險矩陣方式評估者，風險可能性之評量方式，下列敘述何者正確？

① 可能性低：0，有可能：2，極有可能：3

② 偶發性作業：3，持續性作業：2，搶修作業：1

③ 經常性作業：3，緊急應變作業：2，維修作業：1

④ 極有可能：3，有可能：2，可能性低：1

解析 參考「營造工程施工風險評估技術指引解說手冊」：

風險矩陣表

風險值		嚴重度		
		重大的 3	中度的 2	輕微的 1
可能性	極為可能 3	9	6	3
	有可能 2	6	4	2
	可能性低 1	3	2	1

16

（ 1 ） 下列有關風險評估之敘述，何者正確？

　　①風險評估係指辨識、分析及評量風險之過程

　　②風險評估為職業安全衛生管理系統認證單位稽核之工具

　　③一律以機率及損失值估計風險規模，以具體量化風險評估

　　④風險評估係指依據歷年職災實錄辨識出該工程主要危害類型之
　　　過程

| **解析** 　根據「職業安全衛生法施行細則」第 8 條：

「職業安全衛生法」所稱合理可行範圍，指依本法及有關安全衛生
法令、指引、實務規範或一般社會通念，雇主明知或可得而知勞工
所從事之工作，有致其生命、身體及健康受危害之虞，並可採取必
要之預防設備或措施者。

「職業安全衛生法」所稱風險評估，指辨識、分析及評量風險之
程序。

17

（ 4 ） 下列有關施工安全評估特有災害評估可能之危害狀況 5W1H 之描
述，何者正確？

　　①關注，廣度，面向，弱勢，路徑，隱蔽事項

　　②風力作用，水的作用，電纜危害，女性勞工，倉庫安全，高處
　　　作業

　　③災害說明，災害原因，影響對象，影響範圍，傳遞路徑，災害
　　　程度

　　④何種狀況，為何發生，發生處所，發生時機，何人，危害作用

| **解析** 　5W1H 是施工安全評估中特有災害評估表的其中一個項目，是思考
可能之危害狀況的一種方式，是由何時（**When**）、哪裡（**Where**）、
誰（**Who**）、什麼（**What**）、為何（**Why**）與如何（**How**）等六種要
素構成，是整理情報的重點組合。

18

(4)　木工作業潛在危害為何？
　　　　①割傷　　　　　　　　②倒塌
　　　　③墜落　　　　　　　　④以上皆是

| 解析　木工普遍使用不合規定的合梯，未設護罩的圓盤鋸等不安全狀態，因此易發生墜落與切割的傷害，另外物料堆置不當於搬運過程造成倒塌也時有所聞。

19

(4)　拆除作業潛在危害為何？
　　　　①感電　　　　　　　　②倒塌
　　　　③墜落　　　　　　　　④以上皆是

| 解析　拆除作業使用電動機具之臨時電氣設備未裝置漏電斷路器造成感電，拆除結構物時，未依由上而下逐步拆除之原則進行，導致倒塌，拆除後產生開口部分未設置護欄或護蓋妥善防護，導致墜落危害。

20

(4)　泥作作業潛在危害為何？
　　　　①切割傷　　　　　　　②倒塌
　　　　③墜落　　　　　　　　④以上皆是

| 解析　近開口作業未落實設置護蓋，不慎導致墜落。
　　　　2 公尺以上以架設施工架進行作業，施工架推動過程不慎導致倒塌。
　　　　使用切割工具不慎導致割傷。

21

（ 4 ） 輕隔間作業潛在危害為何？
①物體飛落 ②倒塌
③墜落 ④以上皆是

| 解析 一、發生物體飛落原因：

（一）吊掛輕隔間構材時，脫鉤致使輕隔間構材飛落釀成意外。

（二）因作業時使用之零件（螺栓、焊條等）不慎掉落，擊傷人員，造成意外。

二、發生墜落原因：

使用不合規定之合梯，雙腳夾梯腳行走，作業人員可能因作業時身體重心失去平衡導致墜落，造成傷亡。

三、發生倒塌原因：

工地現場之輕隔間構材未整齊堆放，未設妥穩固設施。

22

（ 4 ） 門窗（帷幕牆）作業潛在危害為何？
①物體飛落 ②倒塌
③墜落 ④以上皆是

| 解析 一、發生物體飛落原因：

（一）因外在因素使帷幕牆因巨量變形而破碎飛落，造成人員傷亡。

（二）吊掛帷幕牆構材時，脫鉤致使帷幕牆飛落釀成意外。

（三）因作業時使用之零件（螺栓、焊條等）不慎掉落，擊傷人員，造成意外。

二、發生墜落原因：

帷幕工程若為高空作業，作業人員可能因作業時身體重心失去平衡導致墜落，造成傷亡。

三、發生倒塌原因：

工地現場之帷幕構材未整齊堆放，未設妥穩固設施。

23

（ 3 ） 某甲奉公司主管指派負責辦理鄰里排水工程（場鑄鋼筋混凝土排水暗溝）施工規劃事宜。他先到現場勘查施工環境，發覺部分巷道寬度僅 2 公尺，預定開挖範圍鄰近民宅圍牆（間距僅約 10 公分）。請問此一行程為風險評估中之哪一程序？
① 風險分析　　　　　　　　② 風險評估
③ 危害辨識　　　　　　　　④ 風險評量

| 解析　危害辨識：確認危害之存在，並定義其特性之過程。

危害之辨識可從人員、機具、物料、方法與環境來思考，因此某甲針對環境辨識出所有的作業或工程可能產生之危害，而風險評估執行初期必須先辨識出工作場所中所有的工作環境及作業活動，作為後續辨識危害的依據。

24

（ 3 ） 有關風險評估之作業流程，下列何者正確？ A. 辨識出所有的作業或工程；B. 確認採取控制措施後的殘餘風險；C. 評估危害的風險；D. 確認現有的防護設施；E. 決定降低風險的控制措施；F. 辨識危害及後果
① A-B-C-D-E-F　　　　　　② D-E-C-F-B-A
③ A-F-D-C-E-B　　　　　　④ E-C-D-A-F-B

| 解析　根據「風險評估技術指引」，風險評估之順序如下：

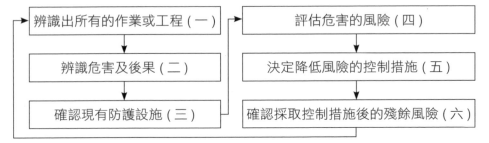

25

(4) 「危險性工作場所審查及檢查辦法」規定，須執行施工安全評估，乃屬於下列何種危險性工作場所？
① 甲類　　　　　　　　② 乙類
③ 丙類　　　　　　　　④ 丁類

解析　根據「危險性工作場所審查及檢查辦法」第 17 條第 1 項：

事業單位向檢查機構申請審查丁類工作場所，應填具申請書，並檢附施工安全評估人員及其所僱之專任工程人員、相關執業技師或開業建築師之簽章文件，及下列資料各 3 份：

一、施工計畫書。

二、施工安全評估報告書。

2-3 營造業承攬管理　　　甲 乙 丙

(含採購管理及變更管理)

01

(1) 事業單位招人承攬時，其承攬人就承攬部份負雇主之責任，原事業單位就職業災害補償部分之責任為何？
① 仍應與承攬人負連帶責任　　② 依承攬契約決定責任
③ 依災害性質決定責任　　　　④ 可不負責任

解析　依據「職業安全衛生法」第 25 條：

事業單位以其事業招人承攬時，其承攬人就承攬部分負本法所定雇主之責任；原事業單位就職業災害補償仍應與承攬人負連帶責任。再承攬者亦同。

原事業單位違反本法或有關安全衛生規定，致承攬人所僱勞工發生職業災害時，與承攬人負連帶賠償責任。再承攬者亦同。

02

（ 4 ） 下列有關協議組織運作之敘述，何者錯誤？

①契約中分別訂定各承攬商應辦理之職業安全衛生管理事項者，施工過程仍須召集協議組織會議

②應由原事業單位召集各承攬人參加

③應協議各項機具設備之指揮信號

④各廠商之施工順序屬於工務管理範圍，無須列入協議組織會議中討論

解析　協議組織係依據「職業安全衛生法」第 27 條規定而成，依工程主辦單位、監造單位及承攬廠商相互間的協議，促進工程整合管理之運作順暢，從而達成防止職業災害為目的。

其中協議組織會議討論事項包含：

一、安全衛生管理之實施及配合。

二、勞工作業安全衛生及健康管理規範。

三、從事動火、高架、開挖、爆破、高壓電活線等危險作業之管制。

四、對進入局限空間、危險物及有害物作業等作業環境之作業管制。

五、機械、設備及器具等入場管制。

六、作業人員進場管制。

七、變更管理。

八、劃一危險性機械之操作信號、工作場所標識（示）、有害物空容器放置、警報、緊急避難方法及訓練等。

九、使用打樁機、拔樁機、電動機械、電動器具、軌道裝置、乙炔熔接裝置、氧乙炔熔接裝置、電弧熔接裝置、換氣裝置及沉箱、架設通道、上下設備、施工架、工作架台等機械、設備或構造物時，應協調使用上之安全措施。

十、其他認有必要之協調事項。

(3) 甲公司辦理社區排水改善工程，為工區警衛及交通引導工作需要，擬以勞務承攬方式進用 8 名勞工，採購文件中應載明投標廠商辦理事項為何，方為完整正確？

① 採購契約範本、施工綱要規範、安全衛生工作守則

② 職業安全衛生法規、施工安全衛生規範、業主契約文件

③ 工作內容、工作場所特性、安全設施及個人防護具設置需求、進場勞工管理事項等

④ 標單、契約書、僱用證明、勞保名冊

解析 機關辦理工程採購時，應專項編列安全衛生經費，並列入招標文件及契約，據以執行。前項經費應依工程規模及性質，審酌工程之潛在危險，配合災害防止對策，擬訂計量、計價規定，並依據工程需求覈實編列。

第 1 項安全衛生經費之編列項目，應參照行政院公共工程委員會訂定之「公共工程安全衛生項目編列參考附表」辦理，並按工程需求，量化編列；無法量化項目得採一式編列；其內容包括預防災害必要之安全衛生設施、安全衛生人員人事費、個人防護具、緊急應變演練及安全衛生教育訓練宣導等費用，並依專款專用原則辦理查驗計價。

04

（ 1 ） 下列有關營造工地進場管制之敘述，何者正確？

① 各承攬商應事先提報預定進場人員之名單，詳列姓名、年齡、住址、電話、投保資料、教育訓練資格等，以便進場時逐一核對確認

② 吊升荷重在 3 公噸以上之起重機須進場時檢附合格證，其餘機具經外觀檢視完整者即可進場

③ 承攬商先行提報聘僱工程師名單，經確認符合資格，該等人員進場時不須再予檢視

④ 承攬商預先提報採用符合 CNS 4750 規格之施工架，材料進場時可不需再予檢查

解析　作業人員進場均須備妥體檢表、勞工安全衛生教育訓練、勞保加保資料及身分證影本，簽認提繳資料無誤，現場負責人需陪同勞工進行安全衛生講習建立個人資料造冊方得進場施工。

05

（ 4 ） 甲公司將所承攬之大樓新建工程中基礎工程分包由乙公司承攬，下列敘述何者正確？

① 乙公司應負責該大樓新建工程作業勞工進場管制

② 乙公司僱用勞工之職業安全衛生教育訓練應由甲公司統一辦理，與乙公司無關

③ 乙公司應訂定結構分項工程作業計畫送甲公司核定施工

④ 甲公司應建立承攬管理制度，於施工過程實施承攬管理

解析　事業單位應依交付承攬項目之規模及特性，建立、實施及維持符合安全衛生法規及職安衛管理系統相關規範等要求之承攬管理制度 / 程序及計畫，內容包括：

一、適用範圍。

二、相關人員之權責。

三、承攬人之選擇和評估。

四、施工前之管理，含發包及簽約。

五、再承攬人之資格、限制及管理。

六、施工期間之管理。

七、施工後之管理及安全衛生績效評核。

八、其他相關安全衛生事項。

九、記錄及紀錄管理。

06

(4) 甲事業單位將施工架組立工程交付乙承攬商施工，下列敘述何者正確？
①施工架材料由甲提供，乙所指派之施工架組配作業主管無須再檢查
②施工架組立工作過程，甲應派員監督查核，乙無須再指派施工架組配作業主管確認安全衛生設施之狀況
③甲已於施工規劃階段實施風險評估，乙無須再進行作業前危害調查、評估
④乙應於使勞工進場作業前，指派法定專業人員實施危害調查、評估

解析 雇主使勞工於營造工程工作場所作業前，應指派所僱之職業安全衛生人員、工作場所負責人或專任工程人員等專業人員，實施危害調查、評估，並採適當防護設施，以防止職業災害之發生。

07

(1) 甲公司承攬某捷運工程依規定應向勞動檢查機構報備職業災害統計資料之頻率為何？
①每月　　　　　　　　②每年
③每 3 個月　　　　　　④每 2 個月

解析 依據「職業安全衛生法」第 38 條規定，中央主管機關指定之事業，雇主應依規定填載職業災害內容及統計，按月報請檢查機構備查，並公布於工作場所。

一、各事業單位填報職災月報表承辦人每月 10 日前申報上月份職災月報（遇例假日延後）。由「勞動部職業安全衛生署工作者安全衛生履歷智能雲」申報。網址：https：//isafe.osha.gov.tw/。

二、未依規定填報，經通知限期改善而不如期改善者，依第 45 條規定，可處新臺幣 3 萬元以上 15 萬元以下罰鍰。

三、上述僅作職業災害統計之用，事業單位若發生符合「職業安全衛生法」第 37 條第 2 項規定之職業災害時，雇主仍應於 8 小時內通報勞動檢查機構。

08

（ 2 ）下列有關進場管制之敘述，何者錯誤？

①起重機等危險機械設備，應確認檢查合格證明之效期

②鋼構組配廠商指派之作業主管應憑該公司職員證，進入工區作業

③進場人員應逐一檢查是否具備合格證件

④施工架等安全設施材料應檢附材質證明文件

解析　現場作業主管需確實掌控進場人數，作業內容及作業區域，施工人員如承攬其他協力廠商工程，作業主管應回報公司，辦理人員資料重新提送及造冊。人員進場皆需具備相關合格證件，只採用職員證不予同意。

09

（ 3 ）下列有關承攬管理之敘述，何者錯誤？

①原事業單位應督導現場作業各級承攬人實施安全衛生設施之設置，使用及維護

②原事業單位應督導各工項分包承攬人就使用之機具設備進行必要之檢點，維修保養等作業，以維正常功能

③各工項分包承攬人依據原事業單位核可之分項工程作業計畫施工並自主辦理檢查，原事業單位則就非屬承攬範圍實施檢查

④原事業單位應依施工進度需要，分別通知相關承攬人進場作業

解析 事業單位應要求承攬人在施工期間應確實執行相關安全衛生事項，並藉由巡視、檢查及稽核等方式確保承攬人確實執行，如：

一、與事業單位之承辦人、轄區主管及職業安全衛生管理人員維持良好之溝通管道，遇任何問題或疑義時，儘速與相關人員進行協調及溝通。

二、每日作業前之安全檢點、作業後之環境整理及安全確認。

三、依既定之方法、標準、物料等施工，如有變更或修改之情事，事先有取得相關單位之書面同意。

四、機械、設備之自動檢查。

五、臨時用水、用電及特殊作業之申請。

六、所屬人員之溝通及教育訓練。

七、督導及查核所屬確實遵循作業之相關標準及安全衛生管理規定。

八、事件之提報及處理。

九、其他應注意和遵守之相關事項。

各工項分包承攬人依據原事業單位核可之分項工程作業計畫施工並自主辦理檢查，原事業單位則就其承攬範圍實施檢查。

10

（ 1 ） 甲公司將所承攬之大樓新建工程中基礎工程分包由乙公司承攬，下列敘述何者正確？

①乙公司僱用勞工之職業安全衛生教育訓練得由甲公司協助乙公司辦理

②乙公司應負責該大樓新建工程作業勞工進場管制

③乙公司應訂定結構分項工程作業計畫送甲公司核定施工

④甲公司不需建立承攬管理制度

解析 依據「職業安全衛生法」第 27 條：

事業單位與承攬人、再承攬人分別僱用勞工共同作業時，為防止職業災害，原事業單位應採取下列必要措施：

一、設置協議組織，並指定工作場所負責人，擔任指揮、監督及協調之工作。

二、工作之連繫與調整。

三、工作場所之巡視。

四、相關承攬事業間之安全衛生教育之指導及協助。

五、其他為防止職業災害之必要事項。

事業單位分別交付 2 個以上承攬人共同作業而未參與共同作業時，應指定承攬人之一負前項原事業單位之責任。所以依照本題，甲公司可以統一負責整體的教育訓練，且由於甲公司為原事業單位，其進場管制與管理制度由甲公司負責。

11

(4) 機關於工程規劃、設計時，應要求規劃、設計單位將安全衛生經費明細表等作為招標文件，納入契約執行，下列何者不包括在內？
①規劃安全衛生注意事項、圖說　②施工安全衛生規範
③職業安全衛生法規　　　　　　④逾期罰款

解析 機關於工程規劃、設計時，應要求規劃、設計單位依職業安全衛生法規，規劃及提供下列資料，納入施工招標文件及契約，據以執行：

一、安全衛生注意事項。

二、安全衛生圖說。

三、施工安全衛生規範。

四、安全衛生經費明細表。

五、機關規定之其他安全衛生規劃、設計資料。

機關委託廠商辦理規劃、設計時，應將前項事項納入規劃、設計之招標文件及契約，據以執行。

12

(1) 營造工程危害告知應如何實施？

①於交付承攬時，應以書面告知作業內容及工作場所可能存在之危害狀況

②由承攬人於作業前實施危害調查後，將所發掘之危害內容，以書面告知原事業單位

③於協議組織告知各相關承攬人現場安全設施之潛在危害

④於工地巡視時由工地主任告知承攬人所承攬工作項目之潛在危害

解析 「職業安全衛生法」第 26 條規定之事業單位，有將其事業之全部或一部分交付承攬時，即應負危害告知之責任。應以書面為之或召開協商會議並作成紀錄。未有書面告知或召開協商會議作成紀錄等佐證資料者，應於會談紀錄記載「無書面告知紀錄」、「書面告知未簽認」（防止事後補作紀錄）或「未有協商會議紀錄」，並據以認定為違反「職業安全衛生法施行細則」第 36 條之規定。

13

(3) 下列何者為承攬人無法改善必須退場之時機？

①發生虛驚事故時

②安全衛生缺失計點達罰款上限額度時

③承攬人履約過程出現重大瑕疵，無法繼續履行契約時

④分項工程作業計畫於危險性工作場所審查時未通過

解析 按承攬工作於完成前發生瑕疵，定作人得請求承攬人改善，承攬人得於完成前除去該瑕疵，而交付無瑕疵之工作。惟若定作人依民法第 497 條第 1 項規定請求承攬人改善其工作瑕疵，該瑕疵性質上不能除去，或瑕疵雖可除去，但承攬人明確表示拒絕除去，則繼續等待承攬人完成工作，已無實益，甚至反而造成瑕疵或損害之擴大，於此情形，定作人始得例外在工作完成前，主張承攬人無法改善必須退場。

14

（ 4 ） 下列有關工區整理整頓之敘述，何者錯誤？

① 作業後應將工作場所清理乾淨，並將材料、工具歸位

② 各施工團隊應事先協議施工場地整理整頓之責任區劃分，於每日
工作結束時，進行打掃、工具材料歸位等事宜

③ 機具修復保養場所應經常清理地面油漬，以防滑倒

④ 工區管理屬原事業單位之職責，整理整頓工作與承攬人無關

解析 當日工作完畢後，應將工作區域內整理清潔；所有作業過程中產生
之廢棄物，承攬商必須自行負責清除。承攬商須將工區及物料置放
之環境，整理整頓在乾淨整齊良好狀況，現場施工物料及機具由承
攬商自行保管。

15

（ 4 ） 下列有關營造工程協議組織運作方式之敘述，何者正確？

① 原事業單位得篩選參加協議組織之成員

② 起重吊掛作業應由原事業單位派員指揮，以統一作業方式、順序
及安全防護設施，可不需納入協議組織管理

③ 協議組織之運作由原事業單位視需要實施，無關乎工地運作

④ 施工過程原事業單位應召集各承攬人及相關人員進行協議

解析 依據「職業安全衛生法施行細則」第 38 條：

本法第 27 條第 1 項第 1 款規定之協議組織，應由原事業單位召集
之，並定期或不定期進行協議下列事項：

一、安全衛生管理之實施及配合。

二、勞工作業安全衛生及健康管理規範。

三、從事動火、高架、開挖、爆破、高壓電活線等危險作業之管制。

四、對進入局限空間、危險物及有害物作業等作業環境之作業管制。

五、機械、設備及器具等入場管制。

六、作業人員進場管制。

七、變更管理。

八、劃一危險性機械之操作信號、工作場所標識（示）、有害物空容器放置、警報、緊急避難方法及訓練等。

九、使用打樁機、拔樁機、電動機械、電動器具、軌道裝置、乙炔熔接裝置、氧乙炔熔接裝置、電弧熔接裝置、換氣裝置及沉箱、架設通道、上下設備、施工架、工作架台等機械、設備或構造物時，應協調使用上之安全措施。

十、其他認有必要之協調事項。

16

（ 4 ） 機關於工程規劃、設計時，應要求規劃、設計單位經費明細表等作為招標文件，納入契約執行，下列何者包含在內？
①職業安全衛生法規　　　　　②規劃安全衛生注意事項、圖說
③施工安全衛生規範　　　　　④以上皆是

解析 機關於工程規劃、設計時，應要求規劃、設計單位依職業安全衛生法規，規劃安全衛生注意事項、圖說、施工安全衛生規範及安全衛生經費明細表等作為招標文件，納入契約執行。

17

（ 1 ） 依「職業安全衛生法」規定，事業單位以其事業交付承攬時，原事業單位仍應就下列何者與承攬人負連帶責任？
①職業災害補償　　　　　　　②損害賠償
③刑事處分　　　　　　　　　④工時損失

解析 根據「職業安全衛生法」第 25 條：

事業單位以其事業招人承攬時，其承攬人就承攬部分負本法所定雇主之責任；原事業單位就職業災害補償仍應與承攬人負連帶責任。再承攬者亦同。

原事業單位違反本法或有關安全衛生規定，致承攬人所僱勞工發生職業災害時，與承攬人負連帶賠償責任。再承攬者亦同。

18

（ 1 ） 小邱營造公司將泥作工程交由一定好工程公司承攬時，請問小邱營造公司應於何時告知一定好工程公司有關其事業工作環境、危害因素暨職業安全衛生法及有關安全衛生規定應採取之措施？
① 事前告知　　　　　　　② 動工後
③ 發生災害後　　　　　　④ 無須告知

｜解析 根據「職業安全衛生法」第 26 條：

事業單位以其事業之全部或一部分交付承攬時，應於事前告知該承攬人有關其事業工作環境、危害因素暨本法及有關安全衛生規定應採取之措施。

承攬人就其承攬之全部或一部分交付再承攬時，承攬人亦應依前項規定告知再承攬人。

19

（ 4 ） 事業單位與承攬人、再承攬人分別僱用勞工共同作業時，為防止職業災害，原事業單位應採取之措施何者為非？
① 工作場所危害因素告知事項
② 工作場所之巡視
③ 相關承攬事業間之安全衛生教育之指導及協助
④ 勞工薪資之協議

｜解析 根據「職業安全衛生法」第 27 條：

事業單位與承攬人、再承攬人分別僱用勞工共同作業時，為防止職業災害，原事業單位應採取下列必要措施：

一、設置協議組織，並指定工作場所負責人，擔任指揮、監督及協調之工作。

二、工作之連繫與調整。

三、工作場所之巡視。

四、相關承攬事業間之安全衛生教育之指導及協助。

五、其他為防止職業災害之必要事項。

事業單位分別交付 2 個以上承攬人共同作業而未參與共同作業時，應指定承攬人之一負前項原事業單位之責任。

20

(2) 甲公司將其事業交付乙公司承攬，並提供移動式起重機供該乙公司使用，依「職業安全衛生管理辦法」規定，原則上該起重機應由下列何者實施自動檢查？
① 乙公司　　　　　　　　② 甲公司
③ 甲乙公司推派代表　　　④ 委託代檢機構

解析 根據「職業安全衛生管理辦法」第 84 條：

事業單位以其事業之全部或部分交付承攬或再承攬時，如該承攬人使用之機械、設備或器具係由原事業單位提供者，該機械、設備或器具應由原事業單位實施定期檢查及重點檢查。

前項定期檢查及重點檢查於有必要時得由承攬人或再承攬人會同實施。

第 1 項之定期檢查及重點檢查如承攬人或再承攬人具有實施之能力時，得以書面約定由承攬人或再承攬人為之。

21

(4) 依「職業安全衛生法」規定，事業單位與承攬人、再承攬人所僱用之勞工於同一期間、同一工作場所從事工作是指？
① 僱用作業　　　　　　　② 承攬作業
③ 再承攬作業　　　　　　④ 共同作業

｜解析 　根據「職業安全衛生法施行細則」第 37 條：

本法第 27 條所稱共同作業，指事業單位與承攬人、再承攬人所僱用之勞工於同一期間、同一工作場所從事工作。

22

（ 3 ） 事業單位之緊急應變計畫及執行紀錄應保存多久？
① 1 年　　　　　　　　　② 2 年
③ 3 年　　　　　　　　　④ 5 年

｜解析 　根據「職業安全衛生管理辦法」第 12-6 條：

第 12 條之 2 第 1 項之事業單位，應依事業單位之潛在風險，訂定緊急狀況預防、準備及應變之計畫，並定期實施演練。

前項執行紀錄，應保存 **3 年**。

23

（ 3 ） A 公司將其吊料作業交付 B 公司承攬，下列敘述何者有誤？
① A 公司應告知 B 公司有關其事業工作環境、危害因素及有關安全衛生規定應採取之措施
② A 公司應與 B 公司協議劃一起重機之操作信號
③ A 公司對於 B 公司使用之機具設備無權管制
④ A 公司應提供 B 公司勞工相關安全衛生教育訓練之協助

｜解析 　根據「職業安全衛生法」第 26 條：

事業單位以其事業之全部或一部分交付承攬時，應於事前告知該承攬人有關其事業工作環境、危害因素暨本法及有關安全衛生規定應採取之措施。

承攬人就其承攬之全部或一部分交付再承攬時，承攬人亦應依前項規定告知再承攬人。

根據「職業安全衛生法」第 27 條：

事業單位與承攬人、再承攬人分別僱用勞工共同作業時，為防止職業災害，原事業單位應採取下列必要措施：

一、設置協議組織，並指定工作場所負責人，擔任指揮、監督及協調之工作。

二、工作之連繫與調整。

三、工作場所之巡視。

四、相關承攬事業間之安全衛生教育之指導及協助。

五、其他為防止職業災害之必要事項。

事業單位分別交付 2 個以上承攬人共同作業而未參與共同作業時，應指定承攬人之一負前項原事業單位之責任。

24

（ 4 ） 事業單位與承攬人、再承攬人分別僱用勞工共同作業時，為防止職業災害，原事業單位應設置下列何者單位或組織負責協調之工作？
① 風險評估小組　　　　② 醫療單位
③ 安全衛生委員會　　　④ 協議組織

| 解析 根據「職業安全衛生法」第 27 條第 1 項第 1 款：

事業單位與承攬人、再承攬人分別僱用勞工共同作業時，為防止職業災害，原事業單位應採取下列必要措施：

一、設置協議組織，並指定工作場所負責人，擔任指揮、監督及協調之工作。

25

(3) 下列何種狀況，需實施變更管理？

① 職業安全衛生教育訓練計畫內容變更

② 進場勞工與報備名單不符

③ 基礎開挖後發現有不明管線

④ 施工架材料進場時發現規格與計畫不符

解析　根據「變更管理技術指引」，變更係指當作業、技術、工程和原有作業規範或設計規範有所改變或偏離，且此類改變或偏離未曾執行或發生過，或雖曾發生但無紀錄或書面資料可供依循者。但新建工程與擴建專案不在此列。所以當發現有不明管線則需要實施變更管理。

26

(1) 依「職業安全衛生法」規定，2 個以上之事業單位分別出資共同承攬時，防止職業災害之雇主責任應由誰負責？

① 此二事業單位互推一人為代表人

② 二事業單位一起負責

③ 出資較多的事業單位

④ 勞工人數較多的事業單位

解析　根據「職業安全衛生法」第 28 條：

2 個以上之事業單位分別出資共同承攬工程時，應互推一人為代表人；該代表人視為該工程之事業雇主，負本法雇主防止職業災害之責任。

27

(3) 事業單位以其事業交付承攬，且有共同作業時，依「職業安全衛生法施行細則」規定，其協議組織應由何者召集之？

① 承攬人　　　　　　　　② 再承攬人

③ 原事業單位　　　　　　④ 各單位會商決定

解析 根據「職業安全衛生法施行細則」第 38 條：

本法第 27 條第 1 項第 1 款規定之協議組織，應由原事業單位召集之，並定期或不定期進行協議下列事項：

一、安全衛生管理之實施及配合。

二、勞工作業安全衛生及健康管理規範。

三、從事動火、高架、開挖、爆破、高壓電活線等危險作業之管制。

四、對進入局限空間、危險物及有害物作業等作業環境之作業管制。

五、機械、設備及器具等入場管制。

六、作業人員進場管制。

七、變更管理。

八、劃一危險性機械之操作信號、工作場所標識（示）、有害物空容器放置、警報、緊急避難方法及訓練等。

九、使用打樁機、拔樁機、電動機械、電動器具、軌道裝置、乙炔熔接裝置、氧乙炔熔接裝置、電弧熔接裝置、換氣裝置及沉箱、架設通道、上下設備、施工架、工作架台等機械、設備或構造物時，應協調使用上之安全措施。

十、其他認為有必要之協調事項。

28

（ 4 ） 依「職業安全衛生管理辦法」規定，事業單位如將其事業交付承攬，其勞工人數之計算，下列何者正確？
①事業單位與承攬人勞工人數個別計算
②事業單位與承攬人勞工人數合併計算
③人數之計算應報請當地勞動檢查機構認定
④事業單位與承攬人勞工如於同一期間，同一工作場所作業時，方合併計算總人數

解析 根據「職業安全衛生管理辦法」第 3-2 條第 1 項：

事業單位勞工人數之計算，包含原事業單位及其承攬人、再承攬人之勞工及其他受工作場所負責人指揮或監督從事勞動之人員，於同一期間、同一工作場所作業時之總人數。

29

（ 4 ） 事業單位以其事業之全部或一部分交付承攬，並與承攬人、再承攬人分別僱用勞工共同作業，如承攬人現場使用之合梯不符規定時，下列敘述何者有誤？

①原事業單位應給予指導使其符合規定

②原事業單位應限制其不准使用

③原事業單位對進場之機具應有協議管制之機制

④屬承攬人之設備，原事業單位不能管制

解析 根據「職業安全衛生法」第 27 條：

事業單位與承攬人、再承攬人分別僱用勞工共同作業時，為防止職業災害，原事業單位應採取下列必要措施：

一、設置協議組織，並指定工作場所負責人，擔任指揮、監督及協調之工作。

根據「職業安全衛生法施行細則」第 38 條第 1 項第 5 款：

本法第 27 條第 1 項第 1 款規定之協議組織，應由原事業單位召集之，並定期或不定期進行協議下列事項：

五、機械、設備及器具等入場管制。

30

（ 1 ） 下列有關營造廠商辦理施工安全設施採購之敘述，何者錯誤？

①應由各分項工程承攬商採購設置以明全責

②配合施工進度需要，分批採購符合法規規格之設施

③事先估算所需各類設施數量，依規定開具詳細規格，訂定開口契約，配合工程進度進場安裝

④依據施工方法、程序，選用安全設施之類型、數量，分批採購

解析 事業單位請購工程、財物或勞務前，應先確認其在安全衛生法規及本身實際上之需求，並考量可能引起之安全衛生危害及風險，將所

需安全衛生規格納入採購需求說明書或契約中，必要時，得規劃時程逐步訂出各採購工程、財物或勞務所需之安全衛生具體規範，例如施工安全設施及設備，作為請購、採購及契約驗收之依據。

31

（ 3 ）　下列有關施工機具採購之敘述，何者錯誤？

　①隧道開挖機等特殊機具，應於採購規範中訂明應辦理試運轉及必要之功能驗證測試，以為驗收之依據

　②採購契約應自行考量機具組裝、測試之安全防護設施、應使用安全防護具等

　③得標廠商應自行考量機具設備送抵工地之方式，採購規範中無須特別予以規定

　④採購契約中應規定供應商提供機具組裝、測試所需之機具設備及專業人力

解析　事業單位應依其規模及風險特性，於機械、器具、設備、物料、原料及個人防護具等之採購（含租賃），營造工程之施工規劃、設計及監造等（含交付承攬之委託），建立、實施及維持可符合安全衛生法規及職業安全衛生管理系統等相關規範要求之採購管理制度 / 程序及計畫，以契約內容要求應有符合安全衛生法規及實際需要之安全衛生具體規範，控制因採購而可能引起之安全衛生危害及風險，並於驗收使用前確認其符合規定。因此機具運送現地的方式應該予以規範。

32

（ 2 ） 營造工程職業安全衛生設施之採購，應如何辦理？

① 發包交由專業廠商安裝，無涉使用該等設施之承包商管理責任

② 配合工程進展於作業前設置完妥，施工過程隨時檢視維護，以維持正常功能

③ 於分項工程採購契約中明定各分包承攬商應自行負責工作所需之安全衛生設施，無須原事業單位費心管理

④ 原事業單位購置材料交由臨時點工安裝

│解析 事業單位應依其規模及風險特性，於機械、器具、設備、物料、原料及個人防護具等之採購（含租賃），營造工程之施工規劃、設計及監造等（含交付承攬之委託），建立、實施及維持可符合安全衛生法規及職業安全衛生管理系統等相關規範要求之採購管理制度 / 程序及計畫，以契約內容要求應有符合安全衛生法規及實際需要之安全衛生具體規範，控制因採購而可能引起之安全衛生危害及風險，並於驗收使用前確認其符合規定。因此事業單位應依其衛生查驗點辦理情形，確保施工檢驗之有效執行，達到工程品質及施工安全管制之檢視及維護，確定其功能正常。

33

（ 4 ） 下列有關事業單位請購工程、財物或勞務前之確認事項，何者為非？

① 確認其在安全衛生法規及本身實際上之需求

② 考量可能引起之安全衛生危害及風險

③ 規劃時程逐步訂出各採購工程、財物或勞務所需之安全衛生具體規範，作為請購、採購及契約驗收之依據

④ 應由該事業單位請購部門主管全權負責，其他部門人員不得干涉

│解析 事業單位請購工程、財物或勞務前，應先確認其在安全衛生法規及本身實際上之需求，並考量可能引起之安全衛生危害及風險，將所需安全衛規格納入採購需求說明書或契約中，必要時，得規劃時程

逐步訂出各採購工程、財物或勞務所需之安全衛生具體規範，例如施工安全設施及設備，作為請購、採購及契約驗收之依據。

34

（ 4 ） 下列有關工程採購管理實施範圍之敘述，何者錯誤？

①工程採購實施前，應確實審核該標案之各項圖說、標單等招標文件是否詳實

②編列採購預算應確實將各工作項目之作業內容、方法、數量等核算明確，編列合理費用

③因應工程需要得定投標廠商資格要件，將廠商之相關工程經歷、履約紀錄等納入規定

④工程採購管理應自招標受理廠商投標文件之審核開始

解析 工程採購管理應自履約開始計算，參照採購契約要項第 43 項規定，履約期限之訂定，得為下列方式之一，由機關載明於契約：

一、自決標日、簽約日或機關通知日之次日起一定期間內完成契約規定之事項。

二、於預先訂明之期限前完成契約規定之事項。

因此，履約起始日有可能是決標次日、簽約次日、機關通知次日或預先訂明之日。

35

（ 4 ） 下列有關變更管理實施方式之敘述，何者錯誤？

①變更內容應通知施工人員並經使用前檢查確認機具設備、設施等均已更設完成，方得施工

②擬訂變更計畫後應實施風險評估

③應評估變更後可能出現之風險，擬訂適當對策

④應將變更後之施工圖、施工計畫等文件發交施工團隊簽收後立即施工

解析 施工廠商之施工計畫、品質計畫、預定進度、施工圖、器材樣品及其他送審案件之審查通過後才可施工。變更的細節涵蓋變更計畫，並提供其成功或失敗的判定標準，指出變更的技術或作業條件，所涉及之機械、設備及儀器等。必要時，檢附詳細的計畫書或說明書、工程計算書、工程設計圖、現場紀錄或取樣計畫等。

36

（ 2 ）某一公司將營繕工程之規劃、設計、施工及監造等交付承攬，其契約內容有關防止職業災害之具體規範紀錄應保存多久？

① 10 年　　　　　　　　② 3 年
③ 1 年　　　　　　　　④ 2 年

解析 根據「職業安全衛生管理辦法」第 12-4 條：

第 12 條之 2 第 1 項之事業單位，關於機械、設備、器具、物料、原料及個人防護具等之採購、租賃，其契約內容應有符合法令及實際需要之職業安全衛生具體規範，並於驗收、使用前確認其符合規定。

前項事業單位將營繕工程之規劃、設計、施工及監造等交付承攬或委託者，其契約內容應有防止職業災害之具體規範，並列為履約要件。

前 2 項執行紀錄，應保存 3 年。

37

（ 3 ）下列有關採購管理之作業流程，何者正確？ a. 研訂採購管理制度 / 程序及計畫；b. 請購；c. 購案審核 d. 執行採購；e. 供應商之評核 f. 驗收

① a-b-c-d-e-f　　　　　② a-c-d-b-e-f
③ a-e-b-c-d-f　　　　　④ a-e-c-d-b-f

解析 採購管理之參考作業流程如下：

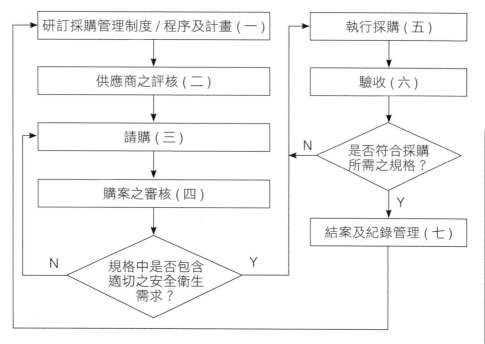

38

（ 2 ） 關於事業單位之機械、設備、器具、物料、原料及個人防護具等之採購、租賃，其契約內容是否應有何種規範？
① 應符合最便宜的規範
② 符合法令及實際需要之職業安全衛生具體規範
③ 不須有規範
④ 應有符合利益交換之規範

解析 根據「職業安全衛生管理辦法」第 12-4 條：

第 12 條之 2 第 1 項之事業單位，關於機械、設備、器具、物料、原料及個人防護具等之採購、租賃，其契約內容應有符合法令及實際需要之職業安全衛生具體規範，並於驗收、使用前確認其符合規定。

前項事業單位將營繕工程之規劃、設計、施工及監造等交付承攬或委託者，其契約內容應有防止職業災害之具體規範，並列為履約要件。

前 2 項執行紀錄，應保存 3 年。

39

（ 2 ） 有關於供應商安全衛生之評核，下列敘述何者為非？
①符合請購單或契約上安全衛生需求之狀況
②供應商之財務能力
③在廠（場）內執行施工、安裝、測試及試俥等作業期間，遵守相關安全衛生管理規定之績效
④投標廠商之安全衛生管理能力（含歷年職業災害績效）

解析 根據「採購管理技術指引」（附錄一）補充說明：

二、供應商之評核：

事業單位為確保財務供應之品質及貨源，會要求供應商須通過國際品質管理系統等之驗證，且定期派員進行現場稽核。若能再加入建置及推動職業安全衛生管理系統之要求，更能有效避免或降低供應商發生重大事故而導致貨源短缺之可能性。

事業單位對於供應商安全衛生之評核，亦應將下列要項納入考量：

（一）符合請購單或契約上安全衛生需求之狀況。

（二）在廠（場）內卸貨及搬運等過程中之安全衛生表現。

（三）在廠（場）內執行施工、安裝、測試及試俥等作業期間，遵守相關安全衛生管理規定之績效。

（四）主動提供安全衛生相關資訊之狀況等。

（五）投標廠商之安全衛生管理能力（含歷年職業災害績效）。

40

（ 4 ） 有關於專業服務、技術服務、資訊服務、研究發展、營運管理、維修、訓練、勞力及其他經主管機關認定之勞務，為何種採購？
①技術採購　　　　　　　②工程採購
③財物採購　　　　　　　④勞務採購

解析 根據「採購管理技術指引」：

三、用語與定義

本指引採用 TOSHMS 相同之用語與定義，另參照政府採購法之用語與定義如下：

（一）工程採購

係指在地面上下新建、增建、改建、修建、拆除構造物與其所屬設備及改變自然環境之行為，包括建築、土木、水利、環境、交通、機械、電氣、化工及其他經主管機關認定之工程。

（二）財物採購

係指各種物品（生鮮農漁產品除外）、材料、設備、機具與其他動產、不動產、權利及其他經主管機關認定之財物。

（三）勞務採購

係指專業服務、技術服務、資訊服務、研究發展、營運管理、維修、訓練、勞力及其他經主管機關認定之勞務。

41

（ 3 ） 有關於驗收的標準，何者為非？

① 對所採購之財物，在驗收時須確認符合採購所需之規格

② 應確保其在卸貨、搬運及儲放等過程中之安全衛生問題

③ 金額、數量符合規範即可驗收

④ 對所採購之工程、財物或勞務在使用前，應有達成及符合安全衛生法規最低標準之作法

解析 根據「採購管理技術指引」：

四、採購管理之作業流程及基本原則

（六）驗收

1. 對所採購之財物，在驗收時除須確認符合採購所需之規格外，亦應確保其在卸貨、搬運及儲放等過程中之安全衛生問題。

2. 對所採購之工程、財物或勞務在使用前，應有<mark>達成及符合安全衛生法規最低標準之作法</mark>，如新購機械設備在安裝後，應確認周遭原有安全衛生防護及控制設施、用電負荷、作業環境、操作或維修標準程序等安全衛生要求均符合相關規定，方可正式使用。

42

（ 2 ）　有關於地面上下新建、增建、改建、修建、拆除構造物與其所屬設備及改變自然環境之行為，包括建築、土木、水利、環境、交通、機械、電氣、化工及其他經主管機關認定之工程，謂之何種採購？
　　①營造採購　　　　　　　　②工程採購
　　③財物採購　　　　　　　　④勞務採購

解析　　根據「採購管理技術指引」：

三、用語與定義

本指引採用 TOSHMS 相同之用語與定義，另參照政府採購法之用語與定義如下：

（一）工程採購

係指在地面上下新建、增建、改建、修建、拆除構造物與其所屬設備及改變自然環境之行為，包括建築、土木、水利、環境、交通、機械、電氣、化工及其他經主管機關認定之工程。

（二）財物採購

係指各種物品（生鮮農漁產品除外）、材料、設備、機具與其他動產、不動產、權利及其他經主管機關認定之財物。

（三）勞務採購

係指專業服務、技術服務、資訊服務、研究發展、營運管理、維修、訓練、勞力及其他經主管機關認定之勞務。

3 營造業管理實務
（含職災案例研討）

3-1 工法安全介紹
（含建築工程、橋梁工程、隧道工程等）

甲 乙 丙

01

（ 1 ） 建築工程進行混凝土澆置作業時，應辦理事項，下列敘述何者錯誤？
① 為提高品質，無論模板支撐設計載重為何，應採用自充填混凝土
② 應檢查模板支撐各部分之連接及斜撐
③ 禁止無關人員進入模板下方
④ 混凝土澆置作業應指定安全出入路口

解析 「營造安全衛生設施標準」第 142 條：

雇主對於混凝土澆置作業，應依下列規定辦理：

一、 裝有液壓或氣壓操作之混凝土吊桶，其控制出口應有防止骨材聚集於桶頂及桶邊緣之裝置。

二、 使用起重機具吊運混凝土桶以澆置混凝土時，如操作者無法看清楚澆置地點，應指派信號指揮人員指揮。

三、 禁止勞工乘坐於混凝土澆置桶上，及位於混凝土輸送管下方作業。

四、 以起重機具或索道吊運之混凝土桶下方，禁止人員進入。

五、 混凝土桶之載重量不得超過容許限度，其擺動夾角不得超過 40 度。

六、混凝土拌合機具或車輛停放於斜坡上作業時，除應完全剎車外，並應將機具或車輛墊穩，以免滑動。

七、實施混凝土澆置作業，應指定安全出入路口。

八、澆置混凝土前，須詳細檢查模板支撐各部份之連接及斜撐是否安全，澆置期間有異常狀況必須停止作業者，非經修妥後不得作業。

九、澆置梁、樓板或曲面屋頂，應注意偏心載重可能產生之危害。

十、澆置期間應注意避免過大之振動。

十一、以泵輸送混凝土時，其輸送管與接頭應有適當之強度，以防止混凝土噴濺及物體飛落。

02

（ 2 ）　某高架橋梁工程跨越高速公路施工，架設臨時支撐後，吊裝鋼梁。請問此種工法可能發生之特有災害為何？

①人員跌倒　　　　　　　　②支撐架倒塌

③火災爆炸　　　　　　　　④被撞

解析　鋼構吊裝前，架設鋼支堡作為臨時輔助支撐架，若支撐強度不足或高度越高都容易倒塌。

03

（ 3 ）　連續壁施工過程（含導溝及泥漿池等設施）作業中常見崩塌與墜落災害，其相關防災作法，以下何者為非？

①開挖面依地質採適當安息角防止崩塌

②導溝、沉澱池及棄土坑開口應加設護蓋或安全護欄

③地質不良或大雨時導溝無須先回填或加強穩定液控制

④開挖 1.5 公尺以上，應採鋼鈑樁作為擋土措施防止崩塌

解析　連續壁施工崩塌危害常見的防災做法為擋樁（鋼板樁）或土壤自然傾斜角使之不易崩落，開口部分設置護蓋或護欄預防作業人員墜落。

(3) 使用道路作業、鄰近道路作業或有導致交通事故之虞之工作場所作業安全應注意事項，以下何者為非？

①設置交通引導人員

②依規定設置適當交通號誌、標示或柵欄

③應注意屋頂作業安全

④夜間柵欄應設有照明或反光片等設施

解析 「職業安全衛生設施規則」第 21-1 條：

雇主對於有車輛出入、使用道路作業、鄰接道路作業或有導致交通事故之虞之工作場所，應依下列規定設置適當交通號誌、標示或柵欄：

一、交通號誌、標示應能使受警告者清晰獲知。

二、交通號誌、標示或柵欄之控制處，須指定專人負責管理。

三、新設道路或施工道路，應於通車前設置號誌、標示、柵欄、反光器、照明或燈具等設施。

四、道路因受條件限制，永久裝置改為臨時裝置時，應於限制條件終止後即時恢復。

五、使用於夜間之柵欄，應設有照明或反光片等設施。

六、信號燈應樹立在道路之右側，清晰明顯處。

七、號誌、標示或柵欄之支架應有適當強度。

八、設置號誌、標示或柵欄等設施，尚不足以警告防止交通事故時，應置交通引導人員。

前項交通號誌、標示或柵欄等設施，道路交通主管機關有規定者，從其規定。

05

(3) 下列何者屬於地盤改良工法？
① 鑽掘樁工法　　　　　② 全套管樁工法
③ 置換工法　　　　　　④ 反循環樁工法

解析　開挖置換土壤：針對深度較淺、範圍較小的高液化潛勢區，可以直接挖掘地基的土層，再將開挖得來的土壤與混凝土拌合後回填。

06

(1) 工作安全分析應注意事項，不包括下列何者？
① 圍籬綠化程度　　　　② 人及方法方面
③ 材料及環境方面　　　④ 機械方面

解析　工作安全分析主要考慮的事項是作業中存在的潛在危險與作業危害，包含人員方面、機械方面、材料方面、方法方面、環境方面等 5 個面向。

07

(1) 下列何者不屬於山岳隧道開挖及支撐工程安全管理重點？
① 打樁作業安全管理　　② 隧道開挖面安全檢查
③ 隧道支撐系統安全管理　④ 隧道爆破安全管理

解析　打樁作業與隧道的開挖與支撐工程較無關係，雇主對於隧道、坑道開挖作業，為防止落磐、湧水等危害勞工，應依下列規定辦理：

一、事前實施地質調查；以鑽探、試坑、震測或其他適當方法，確定開挖區之地表形狀、地層、地質、岩層變動情形及斷層與含水砂土地帶之位置、地下水位之狀況等作成紀錄，並繪出詳圖。

二、依調查結果訂定合適之施工計畫，並依該計畫施工。該施工計畫內容應包括開挖方法、開挖順序與時機，隧道、坑道之支撐、換氣、照明、搬運、通訊、防火及湧水處理等事項。

三、雇主應於勞工進出隧道、坑道時，予以清點或登記。

08

（ 1 ） 某建築工程需施作水電配管作業，正進行管料進場儲存，下列敘述
何者錯誤？

①管料可存放於電線下方

②管料應分層疊放，每層中置一隔板，以防止管料滑出

③管料應依同一規格，互相層層相疊

④管料應依不同長度分別排列

解析 「營造安全衛生設施標準」第 37 條：

雇主對於管料之儲存，應依下列規定辦理：

一、儲存於堅固而平坦之臺架上，並預防尾端突出、伸展或滾落。

二、依規格大小及長度分別排列，以利取用。

三、分層疊放，每層中置一隔板，以均勻壓力及防止管料滑出。

四、管料之置放，避免在電線上方或下方。

（ 1 ） 隧道工程施工時，使用移動式施工架，組裝隧道頂拱處送風管線，
下列敘述何者錯誤？

①不管施工架上有無人員皆可任意移動施工架

②移動式施工架頂部應設置足夠強度之工作台

③移動式施工架應設置安全上下設備

④作業人員應使用安全帶並戴妥安全帽

解析 移動式施工架以人力移動時，受限於場地斜面、坡度，地面凹凸，
雖從事輕便作業或放置工料不多，仍會發生傾倒之災害，因此使用
前應注意地面之安全狀態。

3 營造業管理實務－工法安全介紹

10

（ 3 ）　下列有關沉箱施工之敘述，何者正確？

①拖放預鑄沉箱時，水面、水下作業人員應分別採各自獨立之通訊系統，以防干擾

②於沉箱內部從事開挖作業時，應開挖至刃口下方至少 60 公分，以維持人員作業空間

③於沉箱、沉筒、井筒等之設備內部，從事開挖作業時，應測定空氣中氧氣及有害氣體之濃度，並應有使勞工安全升降之設備等

④雇主使勞工於壓氣沉箱施工時，應指派擋土支撐作業主管就可燃物品於高氣壓狀況下燃燒之危險性，告知勞工

解析　雇主對於沉箱、沉筒、井筒等之設備內部，從事開挖作業時，應依下列規定辦理：

一、應測定空氣中氧氣及有害氣體之濃度。

二、應有使勞工安全升降之設備。

三、開挖深度超過 20 公尺或有異常氣壓之虞時，該作業場所應設置專供連絡用之電話或電鈴等通信系統。

四、開挖深度超越 20 公尺或依第 1 款規定測定結果異常時，應設置換氣裝置並供應充分之空氣。

11

（ 3 ）　鄰水作業中為使勞工安全作業，預防溺斃災害之發生，以下何種防災作為並不適當？

①勞工著用救生衣

②勞工有落水者之虞者，應設置防止勞工落水之設施

③防汛期間應派遣勞工不顧危險於行水區域固守機具

④工作場所或其附近設置救生設備

解析　「營造安全衛生設施標準」第 14 條：

雇主使勞工鄰近溝渠、水道、埤池、水庫、河川、湖潭、港灣、堤堰、海岸或其他水域場所作業，致勞工有落水之虞者，應依下列規定辦理：

一、設置防止勞工落水之設施或使勞工著用救生衣。

二、於作業場所或其附近設置下列救生設備。但水深、水流及水域範圍等甚小，備置船筏有困難，且使勞工著用救生衣、提供易於攀握之救生索、救生圈或救生浮具等足以防止溺水者，不在此限：

（一）依水域危險性及勞工人數，備置足敷使用之動力救生船、救生艇、輕艇或救生筏；每艘船筏應配備長度 15 公尺，直徑 9.5 毫米之聚丙烯纖維繩索，且其上掛繫與最大可救援人數相同數量之救生圈、船鉤及救生衣。

（二）有湍流、潮流之情況，應預先架設延伸過水面且位於作業場所上方之繩索，其上掛繫可支持拉住落水者之救生圈。

（三）可通知相關人員參與救援行動之警報系統或電訊連絡設備。

有淹水可能之區域之人員應該以自身安全為第一優先。

12

（ 2 ） 異常氣壓作業之檢點，不包括下列何者？
① 高壓室內作業　　　　② 動火作業場所
③ 沉箱作業　　　　　　④ 潛水作業

│ 解析 異常氣壓作業，種類如下：

一、高壓室內作業：指沉箱施工法或壓氣潛盾施工法及其他壓氣施工法中，於表壓力超過大氣壓之作業室或豎管內部實施之作業。

二、潛水作業：指使用潛水器具之水肺或水面供氣設備等，於水深超過 10 公尺之水中實施之作業。

13

（ 2 ）　橋梁基礎採基樁時，有關基樁鋼筋加工、儲存、運送等作業，為防止鋼筋滾動滑落，下列敘述何者錯誤？
　　①鋼筋加工場地應經整平夯實，確認地面承載力
　　②鋼筋載運時，可採多層堆置
　　③鋼筋堆放時應設置適當之墊襯及擋樁
　　④鋼筋以吊卡車運送時，應以纜索加以適當捆紮

解析　「營造安全衛生設施標準」第 32 條：

雇主對於鋼材之儲存，應依下列規定辦理：

一、預防傾斜、滾落，必要時應用纜索等加以適當捆紮。

二、儲存之場地應為堅固之地面。

三、各堆鋼材之間應有適當之距離。

四、置放地點應避免在電線下方或上方。

五、採用起重機吊運鋼材時，應將鋼材重量等顯明標示，以便易於處理及控制其起重負荷量，並避免在電力線下操作。

鋼筋載運時不應採用多層堆置，避免滾落滑落。

14

（ 4 ）　建築物外牆採預鑄牆版吊裝工法，下列敘述何者錯誤？
　　①作業安全性較現地舖裝高
　　②可縮短現場作業時間
　　③作業品質較現地舖裝良好
　　④吊裝作業較石材貼砌危險性高

解析　由於預鑄版面積較大，吊裝作業並不會比石材貼砌危險性高。但高處作業亦需注意吊料安全。預鑄為在工廠生產梁、柱、板等主要構件，到工地現場只要組立構件、續接，因此工廠生產後可經由拖板車載運至施工現場，交由吊裝設備將預鑄構件按照正確位置安裝。

15

（ 1 ） 下列何者是營造工程特性？

①大多採分包，多家廠商共同作業

②大多數屬室內作業

③勞工流動性不高

④不受天候地形影響

解析 營造工程承造人工程得標後，大部分均將專業工程分包給各專業廠商承攬，營造廠多僅負責營造管理，較少僱用勞工自行施工，加上業主發包工程時常將部分工程（如水電、消防、空調及電梯工程等等）自行分包給其他廠商承攬。

16

（ 4 ） 某都會區捷運潛盾隧道工程進行開挖作業，下列敘述何者錯誤？

①經許可後可攜帶打火機進入隧道

②未經許可禁止在隧道內進行電焊作業

③經許可後可在隧道內進行熔接作業

④汽油引擎以外之內燃機不得在隧道內使用

解析 「營造安全衛生設施標準」第 101 條：

雇主對於以潛盾工法施工之隧道、坑道開挖作業，應依下列規定：

一、未經許可禁止在隧道內進行氣體熔接、熔斷或電焊作業。

二、未經許可禁止攜帶火柴、打火機等火源進入隧道。

三、柴油引擎以外之內燃機不得在隧道內使用。

17

（ 2 ）　都會區建築工程因施工用地有限，地下室開挖區經常設置施工構臺，下列敘述何者有誤？

①施工構臺支柱應依現場土質埋入適當深度

②因施工構臺寬度有限，故於構臺上使用移動式起重機時，外伸撐座可不需全部伸展

③施工構臺上堆置物料，避免集中並不得超過其荷重限制

④構臺開口邊緣，應設置護欄或可確實鈎掛安全帶之設施

解析　「起重升降機具安全規則」第 32 條：

雇主使用具有外伸撐座之移動式起重機，或擴寬式履帶起重機作業時，應將其外伸撐座或履帶伸至最大極限位置。但因作業場所狹窄或有障礙物等限制，致其外伸撐座或履帶無法伸至最大極限位置時，具有下列各款之一，且能確認其吊掛之荷重較作業半徑所對應之額定荷重為輕者，不在此限：

一、過負荷預防裝置有因應外伸撐座之外伸寬度，自動降低設定額定荷重之機能者。

二、過負荷預防裝置有可輸入外伸撐座之外伸寬度演算要素，以降低設定額定荷重狀態之機能者。

三、移動式起重機之明細表或使用說明書等已明確記載外伸撐座無法最大外伸時，具有額定荷重表或性能曲線表提供外伸撐座未全伸時之對應外伸寬度之較低額定荷重者。

18

（ 2 ）　模板支撐支柱之基礎，應依土質狀況辦理事項，以下何者為非？

①鋪築足夠強度之混凝土層或覆工板

②場撐基地積水未處理

③整平並滾壓夯實

④強化支柱下土壤承載力

| 解析　「營造安全衛生設施標準」第 132 條：

雇主對於模板支撐支柱之基礎，應依土質狀況，依下列規定辦理：

一、挖除表土及軟弱土層。

二、回填礫石、再生粒料或其他相關回填料。

三、整平並滾壓夯實。

四、鋪築混凝土層。

五、鋪設足夠強度之覆工板。

六、注意場撐基地週邊之排水，豪大雨後，排水應宣洩流暢，不得積水。

七、農田路段或軟弱地盤應加強改善，並強化支柱下之土壤承載力。

19

（ 2 ）　高度 2 公尺以上開口護欄設置下列敘述何者為非？

①木材構成上欄杆及杆柱之斷面應在 30 平方公分以上

②鋼管構成杆柱不得超過 2.5 公尺，杆柱直徑不得小於 3.6 公分

③上欄杆高度在 90 公分以上

④杆柱強度及錨錠，應使整個護欄具有抵抗上欄杆任一點任何方向加以 75 公斤之荷重而不變形

| 解析　「營造安全衛生設施標準」第 20 條：

雇主依規定設置之護欄，應依下列規定辦理：

一、具有高度 90 公分以上之上欄杆、中間欄杆或等效設備（以下簡稱中欄杆）、腳趾板及杆柱等構材；其上欄杆、中欄杆及地盤面與樓板面間之上下開口距離，應不大於 55 公分。

二、以木材構成者，其規格如下：

（一）上欄杆應平整，且其斷面應在 30 平方公分以上。

（二）中欄杆斷面應在 25 平方公分以上。

（三）腳趾板高度應在 10 公分以上，厚度在 1 公分以上，並密接於地盤面或樓板面舖設。

（四）杆柱斷面應在 30 平方公分以上，相鄰間距不得超過 2 公尺。

三、以鋼管構成者，其上欄杆、中欄杆及杆柱之直徑均不得小於 3.8 公分，杆柱相鄰間距不得超過 2.5 公尺。

四、採用前 2 款以外之其他材料或型式構築者，應具同等以上之強度。

五、任何型式之護欄，其杆柱、杆件之強度及錨錠，應使整個護欄具有抵抗於上欄杆之任何一點，於任何方向加以 75 公斤之荷重，而無顯著變形之強度。

六、除必須之進出口外，護欄應圍繞所有危險之開口部分。

七、護欄前方 2 公尺內之樓板、地板，不得堆放任何物料、設備，並不得使用梯子、合梯、踏凳作業及停放車輛機械供勞工使用。但護欄高度超過堆放之物料、設備、梯、凳及車輛機械之最高部達 90 公分以上，或已採取適當安全設施足以防止墜落者，不在此限。

八、以金屬網、塑膠網遮覆上欄杆、中欄杆與樓板或地板間之空隙者，依下列規定辦理：

（一）得不設腳趾板。但網應密接於樓板或地板，且杆柱之間距不得超過 1.5 公尺。

（二）網應確實固定於上欄杆、中欄杆及杆柱。

（三）網目大小不得超過 15 平方公分。

（四）固定網時，應有防止網之反彈設施。

20

（ 2 ） 有關使用合梯作業，下列敘述何者錯誤？

①有安全防滑梯面

②梯腳與地面夾角任何角度皆可，且兩梯腳間無須繫材扣牢

③合梯材質不可有顯著損傷

④合梯須有堅固之構造

解析 對於設置之合梯應依下列規定實施檢查：

一、合梯應具有堅固之構造，其材質不得有顯著之損傷、腐蝕等。

二、合梯梯腳與地面之角度應在 75 度以內，且兩梯腳間有金屬等
硬質繫材扣牢，腳部有防滑絕緣腳座套，並應有安全之防滑梯
面。

三、不得使勞工以合梯當作二工作面之上下設備使用，並應禁止勞
工站立於頂板作業。

四、移動合梯時人員應下至地面，嚴禁利用合梯兩梯腳開合方式從
事橫向移動。

21

（ 4 ） 某山岳隧道正進行通路之配置，下列敘述何者錯誤？

①如以車輛運輸人員，得不設置作業人員專用通路

②應規劃作業人員專用通路

③作業人員專用通路應舖設踏板，以防人員誤入危險區域

④人跟車輛可以並行在同一道路

解析 「營造安全衛生設施標準」第 100 條：

雇主對於隧道、坑道之通路，應依下列規定辦理：

一、規劃作業人員專用通路，並於車輛或軌道動力車行駛之路徑，
以欄杆或其他足以防護通路安全之設施加以隔離。

二、除工作人員專用通路外，應避免舖設踏板，以防人員誤入危險
區域。

三、因受限於隧道、坑道之斷面設計、施工等因素，無法規劃工作人員專用道路時，如以車輛或軌道動力車運輸人員者，得不設置專用通路。

22

（ 1 ） 某橋梁工程之橋墩需施作沉箱開挖作業，下列敘述何者正確？
① 沉箱刃口至頂版之淨距應在 1.8 公尺以上
② 沉箱刃口下端不得下挖 0.8 公尺以上
③ 沉箱刃口至頂版之淨距應在 2 公尺以上
④ 沉箱刃口下端不得下挖 1 公尺以上

│解析 「營造安全衛生設施標準」第 103 條：

雇主對於沉箱、沉筒、井筒等內部從事開挖作業時，為防止其急速沉陷危害勞工，應依下列規定辦理：

一、依下沉關係圖，決定開挖方法及載重量。

二、刃口至頂版或梁底之淨距應在 1.8 公尺以上。

三、刃口下端不得下挖 50 公分以上。

23

（ 2 ） 橋梁工程於橋墩施工時，有關作業人員上下設備，下列敘述何者錯誤？
① 上下設備基礎應整平夯實，確認地面承載力
② 可使用簡易式移動架以保持機動
③ 上下設備設置時，應與橋墩妥實固定與連結
④ 上下設備應由專業人員妥為設計

│解析 雇主於施工架上設置人員上下設備時，應依下列規定辦理：

一、確實檢查施工架各部分之穩固性，必要時應適當補強，並將上下設備架設處之立柱與建築物之堅實部分牢固連接。

二、施工架任一處步行至最近上下設備之距離，應在 30 公尺以下。

而橋墩之施工不應採用簡易式移動架以維安全。

24

（ 2 ） 對於鋼筋混凝土作業中之鋼筋安全防護與作為，下列敘述何者錯誤？

①鋼筋不得散放於施工架上　②吊掛鋼筋可單點吊掛

③暴露之鋼筋將尖銳彎曲或加蓋　④使搬運鋼筋作業勞工戴用手套

解析 吊運鋼筋時，應在適當距離之兩端以吊鏈鉤住或拉索捆紮拉緊，保持平穩防止擺動，作業人員在其旋轉區內時，應以穩定索繫於鋼筋尾端，使之穩定。

25

（ 2 ） 橋梁基礎採用沉箱時，其施工作業步驟順序，下列敘述何者正確？

①沉箱吊裝→箱體製作→箱內填築→土方開挖→加載下沉

②沉箱腳安裝→箱體製作→土方開挖→加載下沉→箱內填築

③沉箱吊裝→土方開挖→箱體製作→加載下沉→箱內填築

④沉箱吊裝→加載下沉→箱體製作→土方開挖→箱內填築

解析 沉箱基礎流程為：沉箱腳安裝→箱體製作→土方開挖→加載下沉→箱內填築。詳細如沉箱鋼構製作/鋼筋混凝土作業>沉箱拖放絞車、拖曳船隻作業>加載下沉作業>下沉位置調整作業>回填作業/填級配料。

26

（ 2 ） 下列有關拆除作業之敘述，何者錯誤？

①使用重力錘時，應以撞擊點為中心，構造物高度 1.5 倍以上之距離為半徑設置作業區，除操作人員外，禁止無關人員進入

②修繕作業，施工時需鑿開或鑽入構造物者，應以露天開挖或隧道作業規定辦理，不適用拆除構造物相關規定

③使用施工架時，應注意其穩定，並不得緊靠被拆除之構造物

④在鄰近通道之人員保護設施完成前，不得進行拆除工程

解析　「營造安全衛生設施標準」第 159 條：

雇主對於使用機具拆除構造物時，應依下列規定辦理：

一、使用動力系鏟斗機、推土機等拆除機具時，應配合構造物之結構、空間大小等特性妥慎選用機具。

二、使用重力錘時，應以撞擊點為中心，構造物高度 **1.5** 倍以上之距離為半徑設置作業區，除操作人員外，禁止無關人員進入。

三、使用夾斗或具曲臂之機具時，應設置作業區，其周圍應大於夾斗或曲臂之運行線 8 公尺以上，作業區內除操作人員外，禁止無關人員進入。

四、機具拆除，應在作業區內操作。

五、使用起重機具拆除鋼構造物時，其裝置及使用，應依起重機具有關規定辦理。

六、使用施工架時，應注意其穩定，並不得緊靠被拆除之構造物。

27

（ 2 ）　下列安全設施何者可使用於外牆拉皮作業防止人員墜落？
　　①移動式施工架、交叉拉桿、踏板、安全網
　　②電動工作平台、背負式安全帶、安全網
　　③移動式起重機、腰掛式安全帶
　　④高空作業車

解析　背負式安全帶是設計來保護高處作業人員免除墜落的危險。若是有墜落的發生，其落下的衝擊力量是分散到肩部、胸部、背部、腰部、股部及臀部，然後將使身體的每一部位的撞擊減到最小的程度。電動工作平台及安全網也可防護外牆高處作業人員的墜落安全。

28

(1) 雇主對於施工構台及高度在幾公尺以上施工架之構築，應由專任工程人員或指定專人事先以預期施工時之最大荷重，依結構力學原理妥為設計？

① 7 公尺　　　　　　　　② 10 公尺
③ 15 公尺　　　　　　　　④ 20 公尺

解析　「營造安全衛生設施標準」第 40 條：

雇主對於施工構臺、懸吊式施工架、懸臂式施工架、高度 7 公尺以上且立面面積達 330 平方公尺之施工架、高度 7 公尺以上之吊料平臺、升降機直井工作臺、鋼構橋橋面板下方工作臺或其他類似工作臺等之構築及拆除，應依下列規定辦理：

一、 事先就預期施工時之最大荷重，應由所僱之專任工程人員或委由相關執業技師，依結構力學原理妥為設計，置備施工圖說及強度計算書，經簽章確認後，據以執行。

二、 建立按施工圖說施作之查驗機制。

三、 設計、施工圖說、簽章確認紀錄及查驗等相關資料，於未完成拆除前，應妥存備查。

有變更設計時，其強度計算書及施工圖說，應重新製作，並依前項規定辦理。

29

(1) 當開挖作業接近磚壁或水泥隔牆等構造物，為防止倒塌，除了對構造物保護措施外，還可採取下列何項預防設施？

①構造物保護　　　　　　②植栽綠化
③油漆批土　　　　　　　④以上皆是

解析　「營造安全衛生設施標準」第 67 條：

雇主於接近磚壁或水泥隔牆等構造物之場所從事開挖作業前，為防止構造物損壞、變形或倒塌致危害勞工，應採取地盤改良及構造物保護等有效之預防設施。

30

（ 4 ） 鋼筋施工作業中常見災害為墜落、感電、物體飛落、鋼筋倒塌及穿刺，其相關防災作法以下何者為非？

① 2 公尺以上柱筋作業，設置具有安全上下設備之工作台，作業人員則使用安全帶鉤掛安全母索上作業

②各分電盤設高感度高速型漏電斷路器

③樓板開口邊緣組筋，以設置護欄為主，如無法設置，作業人員則使用安全帶鉤掛安全母索上作業

④暴露鋼筋超過 50 公分時，其尖端才需打彎或加設保護蓋

解析 「營造安全衛生設施標準」第 129 條：

暴露之鋼筋不論長度，皆應應採取彎曲、加蓋或加裝護套等防護設施。但其正上方無勞工作業或勞工無虞跌倒者，不在此限。

3-2 倒塌崩塌危害預防管理實務 甲乙丙
（含施工架、支撐架、擋土設施等假設工程安全）

01

（ 4 ） 露天開挖作業防止崩塌災害，以下作業方式何者為非？

①開挖垂直最大深度 1.5 公尺以上應設置擋土支撐

②露天開挖作業主管應到場指揮監督

③應注意接臨道路震動與排水

④趕工需要，無須設置擋土支撐

解析 根據「營造安全衛生設施標準」第 71 條：

雇主僱用勞工從事露天開挖作業，其開挖垂直最大深度應妥為設計；其深度在 1.5 公尺以上，使勞工進入開挖面作業者，應設擋土支撐。但地質特殊或採取替代方法，經所僱之專任工程人員或委由相關執業技師簽認其安全性者，不在此限。

02

(1) 營造工程中之「倒塌、崩塌」，是屬於下列何者？
　　①特有災害　　　　　　②交通事故
　　③一般災害　　　　　　④自然災害

解析　根據「危險性工作場所審查及檢查辦法」第 17 條：

施工安全評估報告書項目中之特有災害評估表：對施工作業潛在之特有災害（如倒塌、崩塌、落磐、異常出水、可燃性及毒性氣體災害、異常氣壓災害及機械災害等），應就詳細拆解之作業程序及計畫內容實施小組安全評估，有關評估過程及安全設施予以說明。

03

(3) 依「營造安全衛生設施標準」規定，雇主對於砂、石等之堆積，下列何項規定不正確？
　　①近堆積場之勞工進退路處，不得有任何懸垂物
　　②砂、石清倉時，應使勞工佩掛安全帶
　　③砂、石清倉時，可不必設置監視人員
　　④堆積場所需經常灑水或覆蓋，以避免塵土飛揚

解析　「營造安全衛生設施標準」第 33 條：

雇主對於砂、石等之堆積，應依下列規定辦理：

一、不得妨礙勞工出入，並避免於電線下方或接近電線之處。

二、堆積場於勞工進退路處，不得有任何懸垂物。

三、砂、石清倉時，應使勞工佩掛安全帶並設置監視人員。

四、堆積場所經常灑水或予以覆蓋，以避免塵土飛揚。

04

(4)　某建築工程因地下室滲水，需施作地盤改良，正進行袋裝水泥進場作業，下列敘述何者正確？
①水泥堆置高度不得超過 12 層，6 層以上部分應向內退縮
②水泥堆置高度不得超過 10 層，6 層以上部分應向內退縮
③水泥堆置高度超過 10 層者，5 層以上部分應向內退縮
④水泥堆置高度不得超過 10 層，5 層以上部分應向內退縮

解析　根據「營造安全衛生設施標準」第 36 條：

雇主對於袋裝材料之儲存，應依下列規定辦理，以保持穩定；

一、堆放高度不得超過 10 層。

二、至少每 2 層交錯 1 次方向。

三、5 層以上部分應向內退縮，以維持穩定。

四、交錯方向易引起材料變質者，得以不影響穩定之方式堆放。

05

(3)　施工架在適當之垂直、水平距離處與構造物妥實連接，其間隔在垂直方向以不超過幾公尺為原則？
① 10.5
② 12.5
③ 5.5
④ 11.5

解析　根據「營造安全衛生設施標準」第 45 條第 3 款：

雇主為維持施工架及施工構臺之穩定，應依下列規定辦理：

三、施工架在適當之垂直、水平距離處與構造物妥實連接，其間隔在垂直方向以不超過 5.5 公尺，水平方向以不超過 7.5 公尺為限。但獨立而無傾倒之虞或已依第 59 條第 5 款規定辦理者，不在此限。

(3) 下列何者不是施工架倒塌之原因？
①組成系統失敗　　　　　②風壓引起
③作業人員缺氧　　　　　④支柱扭曲

解析　作業人員缺氧是因為作業環境中氧氣濃度不足或通風換氣不良所致，並不是施工架倒塌之原因。

(1) 框式施工架之拆除作業最合理之順序為何？ a. 拆除工作（踏板）；b. 拆除上下設備；c. 拆除交叉拉桿、下拉桿及端部護欄；d. 拆除立架；e. 拆除壁連座或繫牆桿；f. 拆除外側防護網、帆布；g. 安裝拆除本層安全母索等。

① f-b-a-g-c-d-e　　　　② f-c-a-b-g-d-e
③ f-b-c-a-g-e-d　　　　④ f-a-b-g-c-d-e

解析　框式施工架之拆除作業之順序如下列：

一、施工架拆除計畫及吊掛作業計畫確認

二、作業前的協商會議、工具及防護具的檢點、相關作業主管確認。

三、作業區的管制。

四、施工架工作臺整理。

五、拆除外側防護網、帆布。

六、拆除上下設備。

七、拆除工作（踏板）。

八、安裝拆除本層安全母索。

九、拆除交叉拉桿、下拉桿及端部護欄。

十、拆除立架。

十一、拆除壁連座或繫牆桿。

十二、前述 5 至 11 款之順序循環。

08

(3)　施工架組配、模板支撐、擋土支撐等作業主管之資格如何？
　　　①由安全衛生人員兼任即可
　　　②高中畢業即可
　　　③需具備施工架組配、模板支撐、擋土支撐等營造作業主管安全衛
　　　　生教育訓練合格
　　　④由老闆任意指定即可

解析　根據「職業安全衛生教育訓練規則」第 10 條第 1 項第 1 款、第 3 款及
　　　第 6 款：

雇主對擔任下列作業主管之勞工，應於事前使其接受營造作業主管
之安全衛生教育訓練：

一、擋土支撐作業主管。

三、模板支撐作業主管。

六、施工架組配作業主管。

09

(2)　露天開挖作業中常見災害為倒塌崩塌、墜落、感電及物體飛落，其
　　　相關防災作法，以下何者為非？
　　　①開挖深度大於 1.5m 以上，有崩塌之虞，應設擋土支撐
　　　②挖土機迴轉半徑內，可允許工作人員自由進出
　　　③依地質鑽探調查結果擬訂開挖計畫
　　　④開挖車輛機械應裝設倒車或旋轉警示燈及蜂鳴器

解析　根據「營造安全衛生設施標準」第 63 條第 2 項：

依調查結果擬訂開挖計畫，其內容應包括開挖方法、順序、進度、
使用機械種類、降低水位、穩定地層方法及土壓觀測系統等。

根據「營造安全衛生設施標準」第 69 條第 4 款及第 5 款：

雇主使勞工以機械從事露天開挖作業，應依下列規定辦理：

四、嚴禁操作人員以外之勞工進入營建用機械之操作半徑範圍內。

五、車輛機械應裝設倒車或旋轉之警示燈及蜂鳴器，以警示周遭其他工作人員。

根據「營造安全衛生設施標準」第71條：

雇主僱用勞工從事露天開挖作業，其開挖垂直最大深度應妥為設計；其深度在 1.5 公尺以上，使勞工進入開挖面作業者，應設擋土支撐。但地質特殊或採取替代方法，經所僱之專任工程人員或委由相關執業技師簽認其安全性者，不在此限。

10

(3) 堆放磚、瓦、木塊、管料、鋼筋、鋼材或相同及同類營建材料應距離開口部分多少公尺以上？

① 1　　　　　　　② 1.5
③ 2　　　　　　　④ 2.5

解析　根據「營造安全衛生設施標準」第35條：

雇主對於磚、瓦、木塊、管料、鋼筋、鋼材或相同及類似營建材料之堆放，應置放於穩固、平坦之處，整齊緊靠堆置，其高度不得超過 1.8 公尺，儲存位置鄰近開口部分時，應距離該開口部分 2 公尺以上。

11

(2) 開挖垂直深度多少公尺以上時要在露天開挖作業主管監督下進行開挖？

① 1　　　　　　　② 1.5
③ 2　　　　　　　④ 2.5

解析　根據「營造安全衛生設施標準」第66條：

雇主使勞工從事露天開挖作業，為防止土石崩塌，應指定專人，於作業現場辦理下列事項。但開挖垂直深度達 1.5 公尺以上者，應指定露天開挖作業主管：

一、決定作業方法，指揮勞工作業。

二、實施檢點，檢查材料、工具、器具等，並汰換其不良品。

三、監督勞工確實使用個人防護具。

四、確認安全衛生設備及措施之有效狀況。

五、前 2 款未確認前，應管制勞工或其他人員不得進入作業。

六、其他為維持作業勞工安全衛生所必要之設備及措施。

12

（ 1 ） 為防止堆置物料倒塌、崩塌或掉落，下列防護措施何者有誤？

①物料堆置高度可無限制　　②禁止人員進入該場所

③採用繩索綑綁　　④採用護網、擋樁等防護措施

｜解析 根據「職業安全衛生設施規則」第 153 條：

雇主對於搬運、堆放或處置物料，為防止倒塌、崩塌或掉落，應採取繩索捆綁、護網、擋樁、限制高度或變更堆積等必要設施，並禁止與作業無關人員進入該等場所。

13

（ 2 ） 以下關於進入供儲存大量物料之槽桶時之規定，何者不正確？

①應事先測定並確認無爆炸、中毒及缺氧等危險

②規定工作人員以由槽桶下方進入

③應使勞工佩掛安全帶及安全索等防護具

④應於進口處派人監視，以備發生危險時營救

｜解析 根據「職業安全衛生設施規則」第 154 條：

雇主使勞工進入供儲存大量物料之槽桶時，應依下列規定：

一、應事先測定並確認無爆炸、中毒及缺氧等危險。

二、應使勞工佩掛安全帶及安全索等防護具。

三、應於進口處派人監視，以備發生危險時營救。

四、規定工作人員以由槽桶上方進入為原則。

14

（ 2 ） 開口部分護欄之上欄杆、中欄杆及地盤面與樓板間之上下開口距
離，應不大於多少公分？

① 25　　　　　　　　　　② 55

③ 65　　　　　　　　　　④ 75

| 解析　根據「營造安全衛生設施標準」第 20 條第 1 款：

雇主依規定設置之護欄，應依下列規定辦理：

一、具有高度 90 公分以上之上欄杆、中間欄杆或等效設備（以下簡
稱中欄杆）、腳趾板及杆柱等構材；其上欄杆、中欄杆及地盤面
與樓板面間之上下開口距離，應不大於 55 公分。

（ 3 ） 請問為維持施工架及施工構臺之穩定，何者不是雇主應辦理之事項？

①對於未能與結構體連接之施工架，以斜撐材支撐

②局部拆除繫牆桿、壁連座等連接設施時，採取補強或其他適當
安全設施

③鬆動之磚、排水管、煙囪，仍可用以建造或支撐施工架及施工
構臺

④施工架及施工構臺之基礎地面確保平整，且夯實緊密

| 解析　根據「營造安全衛生設施標準」第 45 條：

雇主為維持施工架及施工構臺之穩定，應依下列規定辦理：

一、施工架及施工構臺不得與混凝土模板支撐或其他臨時構造連
接。

二、對於未能與結構體連接之施工架，應以斜撐材或其他相關設施
作適當而充分之支撐。

三、施工架在適當之垂直、水平距離處與構造物妥實連接，其間隔
在垂直方向以不超過 5.5 公尺，水平方向以不超過 7.5 公尺為

3

營造業管理實務－倒塌崩塌危害預防管理實務

限。但獨立而無傾倒之虞或已依第 59 條第 5 款規定辦理者，不在此限。

四、因作業需要而局部拆除繫牆桿、壁連座等連接設施時，應採取補強或其他適當安全設施，以維持穩定。

五、獨立之施工架在該架最後拆除前，至少應有 1/3 之踏腳桁不得移動，並使之與橫檔或立柱紮牢。

六、鬆動之磚、排水管、煙囪或其他不當材料，不得用以建造或支撐施工架及施工構臺。

七、施工架及施工構臺之基礎地面應平整，且夯實緊密，並襯以適當材質之墊材，以防止滑動或不均勻沉陷。

16

（ 3 ） 施工架的工作臺寬度應在多少公分以上並以踏板舖滿密接？
① 30　　　　　　　　　　② 35
③ 40　　　　　　　　　　④ 45

解析　根據「營造安全衛生設施標準」第 48 條第 1 項第 2 款：

雇主使勞工於高度 2 公尺以上施工架上從事作業時，應依下列規定辦理：

二、工作臺寬度應在 **40** 公分以上並舖滿密接之踏板，其支撐點應有 2 處以上，並應綁結固定，使其無脫落或位移之虞，踏板間縫隙不得大於 3 公分。

17

（ 1 ） 拆除牆壁要注意？
①牆壁內管線要先處理　　　②先拆下面
③先喝保力達　　　　　　　④以上皆非

解析　根據「營造安全衛生設施標準」第 155 條第 1 項第 3 款：

雇主於拆除構造物前，應依下列規定辦理：

三、切斷電源，並拆除配電設備及線路。

根據「營造安全衛生設施標準」第 157 條第 1 項第 2 款：

雇主於拆除構造物時，應依下列規定辦理：

二、拆除應按序由上而下逐步拆除。

18

（ 3 ） 假設工程施工物料進場堆積放置時，除應放置於穩固及平坦處外，其高度不得超過多少公尺？

① 1.2   ② 1.5

③ 1.8   ④ 2.0

解析 根據「營造安全衛生設施標準」第 35 條：

雇主對於磚、瓦、木塊、管料、鋼筋、鋼材或相同及類似營建材料之堆放，應置放於穩固、平坦之處，整齊緊靠堆置，其高度不得超過 **1.8 公尺**，儲存位置鄰近開口部分時，應距離該開口部分 2 公尺以上。

19

（ 2 ） 露天開挖作業開挖垂直最大深度在多少公尺以上，應設擋土支撐，並指定露天開挖作業主管在場？

① 1 公尺   ② 1.5 公尺

③ 2 公尺   ④ 2.5 公尺

解析 根據「營造安全衛生設施標準」第 71 條：

雇主僱用勞工從事露天開挖作業，其開挖垂直最大深度應妥為設計；其深度在 **1.5 公尺以上**，使勞工進入開挖面作業者，應設擋土支撐。但地質特殊或採取替代方法，經所僱之專任工程人員或委由相關執業技師簽認其安全性者，不在此限。

20

(4) 依「職業安全衛生設施規則」規定，雇主對物料堆放應符合之規定中，下列敘述何者正確？
①不得超過堆放地最大安全負荷　②不得影響照明
③不得妨礙機械設備之操作　　　④以上皆是

解析　根據「職業安全衛生設施規則」第 159 條：

雇主對物料之堆放，應依下列規定：

一、不得超過堆放地最大安全負荷。

二、不得影響照明。

三、不得妨礙機械設備之操作。

四、不得阻礙交通或出入口。

五、不得減少自動灑水器及火警警報器有效功用。

六、不得妨礙消防器具之緊急使用。

七、以不倚靠牆壁或結構支柱堆放為原則。並不得超過其安全負荷。

21

(2) 為了避免施工架倒塌，有關施工架上物料之運送、儲存及荷重之分配，何者為非？
①於施工架上放置或搬運物料時，避免施工架發生突然之振動
②以施工架作為固定混凝土輸送管、垃圾管槽之用
③施工架上不得放置或運轉動力機械及設備
④施工架上之載重限制應於明顯易見之處明確標示

解析　根據「營造安全衛生設施標準」第 46 條：

雇主對於施工架上物料之運送、儲存及荷重之分配，應依下列規定辦理：

一、於施工架上放置或搬運物料時，避免施工架發生突然之振動。

二、施工架上不得放置或運轉動力機械及設備，或以施工架作為固定混凝土輸送管、垃圾管槽之用，以免因振動而影響作業安全。但無作業危險之虞者，不在此限。

三、施工架上之載重限制應於明顯易見之處明確標示，並規定不得超過其荷重限制及應避免發生不均衡現象。

雇主對於施工構臺上物料之運送、儲存及荷重之分配，準用前項第1款及第3款規定。

22

（ 4 ） 對於雇主使勞工拆除構造物時，應辦理事項何者為非？
① 不得使勞工同時在不同高度之位置從事拆除作業
② 拆除進行中，有塵土飛揚者，應適時予以灑水
③ 拆除應按序由上而下逐步拆除
④ 構造物有飛落、震落之虞者，應最後拆除

┃解析 根據「營造安全衛生設施標準」第157條：

雇主於拆除構造物時，應依下列規定辦理：

一、不得使勞工同時在不同高度之位置從事拆除作業。但具有適當設施足以維護下方勞工之安全者，不在此限。

二、拆除應按序由上而下逐步拆除。

三、拆除之材料，不得過度堆積致有損樓板或構材之穩固，並不得靠牆堆放。

四、拆除進行中，隨時注意控制拆除構造物之穩定性。

五、遇強風、大雨等惡劣氣候，致構造物有崩塌之虞者，應立即停止拆除作業。

六、構造物有飛落、震落之虞者，應優先拆除。

七、拆除進行中，有塵土飛揚者，應適時予以灑水。

八、以拉倒方式拆除構造物時，應使用適當之鋼纜、纜繩或其他方式，並使勞工退避，保持安全距離。

九、以爆破方法拆除構造物時，應具有防止爆破引起危害之設施。

十、地下擋土壁體用於擋土及支持構造物者，在構造物未適當支撐或以板樁支撐土壓前，不得拆除。

十一、拆除區內禁止無關人員進入，並明顯揭示。

3-3 墜落危害預防管理實務　
(含施工架、鋼構、屋頂、模板支撐等高處作業防護)

01

（ 1 ）　對勞工於高差超過多少公尺以上之場所作業時，應設置能使勞工安全上下之設備？
　　　① 1.5　　　　　　　　　　② 0.5
　　　③ 1.3　　　　　　　　　　④ 1

解析　根據「職業安全衛生設施規則」第 228 條：

雇主對勞工於高差超過 1.5 公尺以上之場所作業時，應設置能使勞工安全上下之設備。

02

（ 3 ）　使用移動梯，應符合下列規定？
　　　①移動梯踏面小於 3 公分
　　　②任何材料與結構皆可，不須考慮其堅固性
　　　③採取防止滑溜或其他防止轉動之必要措施
　　　④梯面寬度大小無礙

解析　根據「職業安全衛生設施規則」第 229 條：

雇主對於使用之移動梯，應符合下列之規定：

一、具有堅固之構造。

二、其材質不得有顯著之損傷、腐蝕等現象。

三、寬度應在 30 公分以上。

四、應採取防止滑溜或其他防止轉動之必要措施。

03

（ 3 ） 於建築物內結構樓板，已設置護欄之開口旁 2 公尺範圍內，進行天花板裝修作業時，下列敘述何者錯誤？

① 作業人員於施工架上，應佩戴使用安全帶

② 作業人員於施工架上時，不可移動施工架

③ 作業人員站立於合梯頂部作業

④ 開口處增設安全網

解析 根據「職業安全衛生設施規則」第 230 條：

雇主對於使用之合梯，應符合下列規定：

一、具有堅固之構造。

二、其材質不得有顯著之損傷、腐蝕等。

三、梯腳與地面之角度應在 75 度以內，且兩梯腳間有金屬等硬質繫材扣牢，腳部有防滑絕緣腳座套。

四、有安全之防滑梯面。

雇主不得使勞工以合梯當作二工作面之上下設備使用，並應禁止勞工站立於頂板作業。

04

（ 4 ） 墜落災害為營造最常見之災害類型，學理上所採取之控制方式包括：a. 警告 (WARN)；b. 消除 (ELIMLNATE)；c. 阻止 (ARREST)；d. 預防 (PREVENT)，其優先順序為何？

① d-c-b-a

② c-d-a-b

③ a-b-c-d

④ b-d-a-c

解析　根據「營造安全衛生設施標準」第 17 條：

雇主對於高度 2 公尺以上之工作場所，勞工作業有墜落之虞者，應訂定墜落災害防止計畫，依下列風險控制之先後順序規劃，並採取適當墜落災害防止設施：

一、經由設計或工法之選擇，儘量使勞工於地面完成作業，減少高處作業項目。消除（ELIMLNATE）

二、經由施工程序之變更，優先施作永久構造物之上下設備或防墜設施。預防（PREVENT）

三、設置護欄、護蓋。預防（PREVENT）

四、張掛安全網。預防（PREVENT）

五、使勞工佩掛安全帶。預防（PREVENT）

六、設置警示線系統。警告（WARN）

七、限制作業人員進入管制區。阻止（ARREST）

八、對於因開放邊線、組模作業、收尾作業等及採取第 1 款至第 5 款規定之設施致增加其作業危險者，應訂定保護計畫並實施。

05

（ 4 ）　下列何者屬於作業人員發生位能高差變化之災害？
　　　① 倒塌　　　　　　　　② 物體飛落
　　　③ 感電　　　　　　　　④ 墜落

解析　根據勞動部統計名詞解釋：

一、墜落、滾落：指人從樹木、建築物、施工架、機械、搭乘物、階梯、斜面等落下情形。

二、物體飛落：指以飛行物、落下物為主體碰觸到人之情形。(含研削物破裂、切斷片、切削粉飛來，及自持物落下之情形；又容器破裂應分類為物體破裂)。

三、感電：指接觸帶電體或因通電而人體受衝擊之情況而言。

四、物體倒塌、崩塌：指堆積物、施工架、建築物等崩落碰觸到人之情形。

位能是指物體由高度落下，因此根據上述解釋，應選擇答案為④墜落

06

（ 4 ） 下列何者不屬屋頂作業時，可防止人員墜落之設施？
①設置適當強度踏板，供人員通行
②張掛可繫掛安全帶之安全母索
③張掛安全網
④指派屋頂作業主管於現場指揮監督

解析 根據「營造安全衛生設施標準」第 18 條第 1 項第 3 款：

雇主使勞工於屋頂從事作業時，應指派專人督導，並依下列規定辦理：

三、於易踏穿材料構築之屋頂作業時，應先規劃安全通道，於屋架上設置適當強度，且寬度在 30 公分以上之踏板，並於下方適當範圍裝設堅固格柵或安全網等防墜設施。但雇主設置踏板面積已覆蓋全部易踏穿屋頂或採取其他安全工法，致無踏穿墜落之虞者，不在此限。

根據「營造安全衛生設施標準」第 18 條第 2 項：

於前項第 3 款之易踏穿材料構築屋頂作業時，雇主應指派屋頂作業主管於現場辦理下列事項：

一、決定作業方法，指揮勞工作業。

二、實施檢點，檢查材料、工具、器具等，並汰換其不良品。

三、監督勞工確實使用個人防護具。

四、確認安全衛生設備及措施之有效狀況。

五、前 2 款未確認前，應管制勞工或其他人員不得進入作業。

六、其他為維持作業勞工安全衛生所必要之設備及措施。

前項第 2 款之汰換不良品規定，對於進行拆除作業之待拆物件不適用之。

屋頂作業主管並不屬於「設施」的範圍，而是管理的「措施」。

07

（ 3 ） 下列何者非屬墜落災害防止設施？
① 開口邊緣設置護欄　　　② 開口邊緣張掛安全網
③ 施工架設置壁連座　　　④ 施工架於地面預組

解析　根據「營造安全衛生設施標準」第 17 條：

雇主對於高度 2 公尺以上之工作場所，勞工作業有墜落之虞者，應訂定墜落災害防止計畫，依下列風險控制之先後順序規劃，並採取適當墜落災害防止設施：

一、經由設計或工法之選擇，盡量使勞工於地面完成作業，減少高處作業項目。

二、經由施工程序之變更，優先施作永久構造物之上下設備或防墜設施。

三、設置護欄、護蓋。

四、張掛安全網。

五、使勞工佩掛安全帶。

六、設置警示線系統。

七、限制作業人員進入管制區。

八、對於因開放邊線、組模作業、收尾作業等及採取第 1 款至第 5 款規定之設施致增加其作業危險者，應訂定保護計畫並實施

依題意①開口邊緣設置護欄②開口邊緣張掛安全網④施工架於地面預組，為上述墜落災害防止設施。而施工架設置壁連座的目的在於預防施工架倒塌。

08

（ 1 ） 對營造工程之施工架、施工構臺及模板支撐應實施檢查，下列何者
為非？

① 五級以上地震襲擊後 ② 每次停工之復工前

③ 強風大雨惡劣氣候襲擊後 ④ 每週一次

解析 根據「職業安全衛生管理辦法」第 43 條：

雇主對施工架及施工構台，應就下列事項，每週定期實施檢查一
次：

一、架材之損傷、安裝狀況。

二、立柱、橫檔、踏腳桁等之固定部分，接觸部分及安裝部分之鬆弛
狀況。

三、固定材料與固定金屬配件之損傷及腐蝕狀況。

四、扶手、護欄等之拆卸及脫落狀況。

五、基腳之下沉及滑動狀況。

六、斜撐材、索條、橫檔等補強材之狀況。

七、立柱、踏腳桁、橫檔等之損傷狀況。

八、懸臂梁與吊索之安裝狀況及懸吊裝置與阻擋裝置之性能。

強風大雨等惡劣氣候、**4 級以上之地震襲擊後**及每次停工之復工前，
亦應實施前項檢查。

09

（ 1 ） 依「職業安全衛生設施規則」規定，雇主對於高度在 2 公尺以上之
工作場所邊緣及開口部分，勞工有遭受墜落危險之虞者，應設有適
當強度之下列何種防護措施？

① 護欄、護蓋、安全帶 ② 漏電斷路器

③ 防爆電氣設備 ④ 安全閥

│解析 根據「職業安全衛生設施規則」第 224 條：

雇主對於高度在 2 公尺以上之工作場所邊緣及開口部分，勞工有遭受墜落危險之虞者，應設有適當強度之**護欄、護蓋**等防護設備。

雇主為前項措施顯有困難，或作業之需要臨時將護欄、護蓋等拆除，應採取使勞工使用**安全帶**等防止因墜落而致勞工遭受危險之措施。

10

(2) 於建築物挑高大廳拆除模板時，下列何者可以防止作業人員發生墜落事故？

① 使用任意梯具輔助作業

② 組立適當施工架

③ 於模板支撐架上，未使用任何防護具，即進行拆模板

④ 作業人員未確實使用安全帶，進行拆模作業

│解析 根據「營造安全衛生設施標準」第 39 條：

雇主對於不能藉高空工作車或其他方法安全完成之 2 公尺以上高處營造作業，**應設置適當之施工架**。

11

(3) 因工程需要，需臨時開起覆工板時，為防止墜落災害，應如何作業？

① 臨時作業無須採取防墜落措施或施作護欄

② 採以警示帶圈圍即可開起覆工板

③ 預定開口位置，先施作護欄後，再開啟覆工板

④ 節省工時採開啟覆工板與施作護欄同時作業

│解析 雇主對於高度 2 公尺以上之開口部分、施工構臺等場所作業，勞工有遭受墜落危險之虞者，應於該處設置**護欄**、護蓋或安全網等防護設備。

12

(1) 懸吊式施工架、懸臂式施工架及高度 5 公尺以上施工架之組配及拆卸作業方法由誰決定？
① 施工架組配作業主管 ② 工地主任
③ 模板作業主管 ④ 工人

解析 根據「營造安全衛生設施標準」第 41 條第 1 項第 1 款：

雇主對於懸吊式施工架、懸臂式施工架及高度 5 公尺以上施工架之組配及拆除作業，應指派施工架組配作業主管於作業現場辦理下列事項：

一、決定作業方法，指揮勞工作業。

二、實施檢點，檢查材料、工具、器具等，並汰換其不良品。

三、監督勞工確實使用個人防護具。

四、確認安全衛生設備及措施之有效狀況。

五、前 2 款未確認前，應管制勞工或其他人員不得進入作業。

六、其他為維持作業勞工安全衛生所必要之設備及措施。

前項第 2 款之汰換不良品規定，對於進行拆除作業之待拆物件不適用之。

13

(4) 下列何者是墜落防止方法？
① 開口設置護欄 ② 開口掛安全網
③ 使用安全母索及安全帶 ④ 以上皆是

解析 根據「營造安全衛生設施標準」第 17 條：

雇主對於高度 2 公尺以上之工作場所，勞工作業有墜落之虞者，應訂定墜落災害防止計畫，依下列風險控制之先後順序規劃，並採取適當墜落災害防止設施：

一、經由設計或工法之選擇，儘量使勞工於地面完成作業，減少高
　　處作業項目。

二、經由施工程序之變更，優先施作永久構造物之上下設備或防墜
　　設施。

三、設置護欄、護蓋。

四、張掛安全網。

五、使勞工佩掛安全帶。

六、設置警示線系統。

七、限制作業人員進入管制區。

八、對於因開放邊線、組模作業、收尾作業等及採取第 1 款至第 5
　　款規定之設施致增加其作業危險者，應訂定保護計畫並實施。

14

（ 3 ）護欄的上欄杆高度應在幾公分以上？
　　① 75　　　　　　　　　　② 85
　　③ 90　　　　　　　　　　④ 100 公分

解析　根據「營造安全衛生設施標準」第 20 條第 1 項第 1 款：

雇主依規定設置之護欄，應依下列規定辦理：

一、具有高度 **90** 公分以上之上欄杆、中間欄杆或等效設備（以下簡
　　稱中欄杆）、腳趾板及杆柱等構材；其上欄杆、中欄杆及地盤面
　　與樓板面間之上下開口距離，應不大於 55 公分。

15

（ 3 ）依「職業安全衛生設施規則」規定，雇主設置工作用階梯應符合之
　　規定中，下列敘述何者錯誤？
　　①斜度不得大於 60 度　　　　②梯級面深度不得小於 15 公分
　　③斜度應小於 30 度　　　　　④應有適當之扶手

解析 根據「職業安全衛生設施規則」第 29 條：

雇主對於工作用階梯之設置，應依下列之規定：

一、 如在原動機與鍋爐房中，或在機械四周通往工作台之工作用階梯，其寬度不得小於 56 公分。

二、 斜度不得大於 **60** 度。

三、 梯級面深度不得小於 15 公分。

四、 應有適當之扶手。

16

（ 2 ） 有墜落危險多少公尺以上高處作業應確實使用安全帶、安全帽？
  ① 1.5 公尺　　　　　　　② 2 公尺
  ③ 2.5 公尺　　　　　　　④ 3 公尺

解析 根據「職業安全衛生設施規則」第 281 條第 1 項：

雇主對於在高度 **2** 公尺以上之高處作業，勞工有墜落之虞者，應使勞工確實使用安全帶、安全帽及其他必要之防護具，但經雇主採安全網等措施者，不在此限。

17

（ 2 ） 固定梯頂端應突出樓板地面多少公分以上？
  ① 30　　　　　　　　　　② 60
  ③ 80　　　　　　　　　　④ 100

解析 根據「職業安全衛生設施規則」第 37 條第 1 項第 7 款：

雇主設置之固定梯，應依下列規定：

七、 梯之頂端應突出板面 **60** 公分以上。

18

（ 4 ）　要到 2.5 公尺高處作業要有哪些措施或設施？
　　①架設施工架　　　　　　②使用安全帶
　　③有安全階梯　　　　　　④以上皆是

解析　根據「營造安全衛生設施標準」第 39 條：

雇主對於不能藉高空工作車或其他方法安全完成之 2 公尺以上高處營造作業，應設置適當之施工架。

根據「營造安全衛生設施標準」第 17 條第 2 款及第 5 款：

雇主對於高度 2 公尺以上之工作場所，勞工作業有墜落之虞者，應訂定墜落災害防止計畫，依下列風險控制之先後順序規劃，並採取適當墜落災害防止設施：

二、經由施工程序之變更，優先施作永久構造物之上下設備或防墜設施。

五、使勞工佩掛安全帶。

19

（ 4 ）　護欄 2 公尺內不可以做何種行為？
　　①堆放鋼筋　　　　　　②使用合梯
　　③停放貨車下貨　　　　④以上皆是

解析　根據「營造安全衛生設施標準」第 20 條第 7 款：

雇主依規定設置之護欄，應依下列規定辦理：

七、護欄前方 2 公尺內之樓板、地板，不得堆放任何物料、設備，並不得使用梯子、合梯、踏凳作業及停放車輛機械供勞工使用。但護欄高度超過堆放之物料、設備、梯、凳及車輛機械之最高部達 90 公分以上，或已採取適當安全設施足以防止墜落者，不在此限。

（ 4 ） 下列何者非屬墜落災害防止之設施？

①設置護欄、護蓋　　　　　②張掛安全網

③使勞工佩掛安全帶　　　　④使勞工穿反光背心

解析　根據「營造安全衛生設施標準」第 17 條第 3 款至第 5 款：

雇主對於高度 2 公尺以上之工作場所，勞工作業有墜落之虞者，應訂定墜落災害防止計畫，依下列風險控制之先後順序規劃，並採取適當墜落災害防止設施：

三、設置護欄、護蓋。

四、張掛安全網。

五、使勞工佩掛安全帶。

21

（ 2 ） 從事電梯井吊料應如何處理？

①先開門　　　　　　　　②先掛安全帶

③先拆門　　　　　　　　④先拆安全帶

解析　根據「職業安全衛生設施規則」第 224 條：

雇主對於高度在 2 公尺以上之工作場所邊緣及開口部分，勞工有遭受墜落危險之虞者，應設有適當強度之護欄、護蓋等防護設備。

雇主為前項措施顯有困難，或作業之需要臨時將護欄、護蓋等拆除，應採取使勞工使用安全帶等防止因墜落而致勞工遭受危險之措施。

從事電梯井吊掛作業即開口部分有墜落之虞，應使勞工佩戴安全帶預防墜落危害。

22

(2) 依營造安全衛生設施標準規定，滑溜之屋頂及屋頂斜度幾度之屋面，應設置適當之護欄，支承穩妥且寬度在 **40** 公分以上之工作臺及牢穩梯子？
① 33 度以上斜度　　　　　　② 34 度以上斜度
③ 32 度以上斜度　　　　　　④ 31 度以上斜度

解析　根據「營造安全衛生設施標準」第 18 條第 1 項第 2 款：

二、於斜度大於 34 度，即高底比為 2 比 3 以上，或為滑溜之屋頂，從事作業者，應設置適當之護欄，支承穩妥且寬度在 40 公分以上之適當工作臺及數量充分、安裝牢穩之適當梯子。但設置護欄有困難者，應提供背負式安全帶使勞工佩掛，並掛置於堅固錨錠、可供鉤掛之堅固物件或安全母索等裝置上。

23

(4) 斜屋頂作業敘述何者正確？
①要鋪設安全通道　　　　　　②開口要設護欄
③要有主管監視作業　　　　　④以上皆是

解析　根據「營造安全衛生設施標準」第 18 條第 1 項：

雇主使勞工於屋頂從事作業時，應指派專人督導，並依下列規定辦理：

一、因屋頂斜度、屋面性質或天候等因素，致勞工有墜落、滾落之虞者，應採取適當安全措施。

二、於斜度大於 34 度，即高底比為 2 比 3 以上，或為滑溜之屋頂，從事作業者，應設置適當之護欄，支承穩妥且寬度在 40 公分以上之適當工作臺及數量充分、安裝牢穩之適當梯子。但設置護欄有困難者，應提供背負式安全帶使勞工佩掛，並掛置於堅固錨錠、可供鉤掛之堅固物件或安全母索等裝置上。

三、於易踏穿材料構築之屋頂作業時，應先**規劃安全通道**，於屋架上設置適當強度，且寬度在 30 公分以上之踏板，並於下方適當範圍裝設堅固格柵或安全網等防墜設施。但雇主設置踏板面積已覆蓋全部易踏穿屋頂或採取其他安全工法，致無踏穿墜落之虞者，不在此限。

24

（ 3 ） 斜屋頂設捲揚式防墜器位置？
　　①斜屋頂下緣　　　　　　　②斜屋頂中間
　　③斜屋頂上緣　　　　　　　④以上皆可

解析　根據「職業安全衛生設施規則」第 281 條：

雇主對於在高度 2 公尺以上之高處作業，勞工有墜落之虞者，應使勞工確實使用安全帶、安全帽及其他必要之防護具，但經雇主採安全網等措施者，不在此限。

前項安全帶之使用，應視作業特性，依國家標準規定選用適當型式，對於鋼構懸臂突出物、斜籬、2 公尺以上未設護籠等保護裝置之垂直固定梯、局限空間、屋頂或施工架組拆、工作台組拆、管線維修作業等高處或傾斜面移動，應採用符合國家標準 CNS 14253-1 同等以上規定之全身背負式安全帶及捲揚式防墜器。

依上述規定，實務上**於斜屋頂屋脊上設置水平安全母索**，提供全身背負式安全帶及捲揚式防墜器鉤掛。

25

（ 3 ） 裝設鋼構安全網時不要作何種行為？
　　①穿安全鞋　　　　　　　　②使用安全帶
　　③移除安全母索　　　　　　④戴安全帽

解析　根據「營造安全衛生設施標準」第 19 條：

雇主對於高度 2 公尺以上之屋頂、鋼梁、開口部分、階梯、樓梯、坡道、工作臺、擋土牆、擋土支撐、施工構臺、橋梁墩柱及橋梁上

部結構、橋臺等場所作業，勞工有遭受墜落危險之虞者，應於該處設置護欄、護蓋或安全網等防護設備。

雇主設置前項設備有困難，或因作業之需要臨時將護欄、護蓋或安全網等防護設備開啟或拆除者，應採取使勞工使用安全帶等防止墜落措施。但其設置困難之原因消失後，應依前項規定辦理。

依題意，因裝設鋼構安全網前為開口之狀態，設置護欄有困難，應使工作者使用安全帶，並鉤掛於足夠強度之安全母索上。

26

（ 2 ）　舖設鋼承板時不要做何種行為？
　　①電焊　　　　　　　　　　　②移除安全網
　　③穿安全鞋　　　　　　　　　④以上皆是

│解析│ 根據「營造安全衛生設施標準」第 19 條：

雇主對於高度 2 公尺以上之屋頂、鋼梁、開口部分、階梯、樓梯、坡道、工作臺、擋土牆、擋土支撐、施工構臺、橋梁墩柱及橋梁上部結構、橋臺等場所作業，勞工有遭受墜落危險之虞者，應於該處設置護欄、護蓋或安全網等防護設備。

雇主設置前項設備有困難，或因作業之需要臨時將護欄、護蓋或安全網等防護設備開啟或拆除者，應採取使勞工使用安全帶等防止墜落措施。但其設置困難之原因消失後，應依前項規定辦理。

依題意，因舖設鋼承板前為開口之狀態，設置護欄有困難，應於開口部分設置安全網並使勞工使用安全帶鉤掛於足夠強度之安全母索上。

27

（ 2 ）　爬護籠梯之敘述何者有誤？
　　①檢查固定　　　　　　　　　②雙手拿工具
　　③使用捲揚式防墜器　　　　　④要全神貫注

| 解析 | 鋼梯尚未設置前，採用護籠爬梯並架設垂直安全母索固定於爬梯上，使作業人員攀爬護籠梯時穿全身背負式安全帶並使用捲揚式防墜器。作業人員攀爬時應採取三點不動一點動之方式，<mark>且為確保攀爬過程穩定雙手不能拿物料</mark>。 |

28

(2) 施作樓梯護欄前要注意？
①先拆臨時護欄　　　　　②先做防墜設施
③先量尺寸　　　　　　　④先拆安全網

| 解析 | 根據「營造安全衛生設施標準」第 19 條：

雇主對於高度 2 公尺以上之屋頂、鋼梁、開口部分、階梯、樓梯、坡道、工作臺、擋土牆、擋土支撐、施工構臺、橋梁墩柱及橋梁上部結構、橋臺等場所作業，勞工有遭受墜落危險之虞者，應於該處設置護欄、護蓋或安全網等防護設備。

雇主<mark>設置前項設備有困難</mark>，或因作業之需要臨時將護欄、護蓋或安全網等防護設備開啟或拆除者，<mark>應採取使勞工使用安全帶等防止墜落措施</mark>。但其設置困難之原因消失後，應依前項規定辦理。 |

29

(4) 工地為防止電梯口作業人員墜落，應要求採取下列何項設施？
①設置安全柵門並上鎖及實施作業管制，作業時確實要求使用安全帶
②設置上欄杆及中欄杆
③設置輔助繩、開口危險警示標誌及充分之照明
④以上皆是

|解析

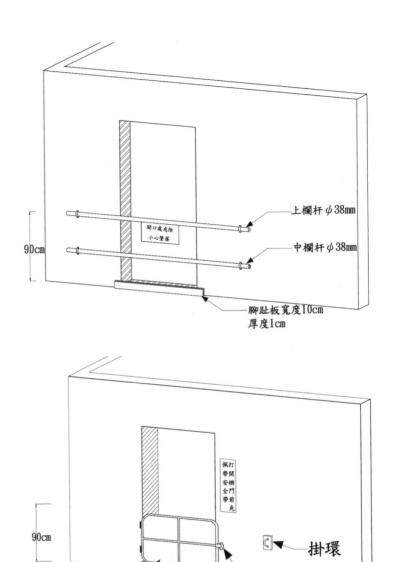

上欄杆φ38mm

開口處危險
小心墜落

中欄杆φ38mm

90cm

腳趾板寬度10cm
厚度1cm

打開柵門前佩帶安全帶先

掛環

90cm

柵門式護欄　鐵板厚3mm　　自動上鎖裝置

資料來源：行政院勞工委員會「營造安全衛生設施標準」圖解

30

（ 2 ） 打開電梯護欄形成開口，施作時要如何處理？

　　①找人幫忙看著　　　　　②使用安全帶

　　③去除安全網　　　　　　④以上皆是

解析　根據下圖打開電梯柵門將造成墜落開口，應使作業人員使用安全帶並鈎掛於掛環上。

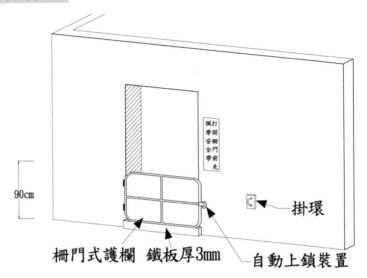

資料來源：行政院勞工委員會「營造安全衛生設施標準」圖解

31

（ 4 ） 設備安裝作業潛在危害為何？

　　①切割傷　　　　　　　　②倒塌

　　③墜落　　　　　　　　　④以上皆是

解析　設備安裝時可能產生下列危害：

一、 表面毛邊或銳角造成被擦傷的情況及以被擦的狀態而被切割。

二、 設備重心較高無適當固定，不慎崩落碰觸到人員。

三、 設備 2 公尺以上開口、平臺無護欄或無護蓋，恐有墜落之虞。

32

（ 2 ） 營造工程護蓋之設置，下列何者錯誤？

①具有能使人員及車輛安全通過之強度

②任何材質覆蓋皆可

③有效防止滑落、掉落、掀出或移動

④臨時性開口處使用之護蓋，表面應漆以黃色並書以警告訊息

解析 根據「營造安全衛生設施標準」第 21 條：

雇主設置之護蓋，應依下列規定辦理：

一、應具有能使人員及車輛安全通過之強度。

二、應以有效方法防止滑溜、掉落、掀出或移動。

三、供車輛通行者，得以車輛後軸載重之 2 倍設計之，並不得妨礙車輛之正常通行。

四、為柵狀構造者，柵條間隔不得大於 3 公分。

五、上面不得放置機動設備或超過其設計強度之重物。

六、臨時性開口處使用之護蓋，表面漆以黃色並書以警告訊息。

33

（ 4 ） 高處作業使用捲揚式防墜器時要注意？

①固定良好　　　　　　　　②使用距離

③伸縮良好　　　　　　　　④以上皆是

解析 捲揚式防墜器使用時須注意下列事項：

一、錨錠點需適當強度（固定良好）。

二、注意淨空高度約 3 公尺以上（使用距離）。

三、盡量至於人員上方位置，並注意墜落後鐘擺效應使人員撞擊結構物。

四、一旦發生墜落事件，需送原廠檢查或汰換新品。

五、使用前檢查捲揚鋼索拉出回捲、上鎖及制動器等功能正常（伸縮良好）。

34

(4) 下列何種狀況勞工，不得使其從事高架作業？

① 酒醉或有酒醉之虞者

② 身體虛弱，經醫師診斷認為身體狀況不良者或勞工自覺不適從事工作者

③ 情緒不穩定，有安全顧慮者或其他經主管人員認定者

④ 以上皆是

| **解析** 根據「高架作業勞工保護措施標準」第 8 條：

勞工有下列情事之一者，雇主不得使其從事高架作業：

一、酒醉或有酒醉之虞者。

二、身體虛弱，經醫師診斷認為身體狀況不良者。

三、情緒不穩定，有安全顧慮者。

四、勞工自覺不適從事工作者。

五、其他經主管人員認定者。

(3) 高處作業安全帶要扣在何處？

① 合梯　　　　　　　　　② 移動梯

③ 安全母索　　　　　　　④ 身上

| **解析** 根據「營造安全衛生設施標準」第 23 條第 8 款第 2、3 目：

雇主提供勞工使用之安全帶或安裝安全母索時，應依下列規定辦理：

八、水平安全母索之設置，應依下列規定辦理：

（二）錨錠點與另一繫掛點間、相鄰二錨錠點間或母索錨錠點間之安全母索僅能繫掛 1 條安全帶。

（三）每條安全母索能繫掛安全帶之條數，應標示於母索錨錠端。

3

營造業管理實務－墜落危害預防管理實務

36

(1) 就工法本質安全考量，下列何種施工架之組、拆工法安全性較高？
① 扶手先行工法   ② 安全母索支柱工法
③ 立架搭配母索工法   ④ 麻繩吊放設施

解析 施工架組、拆流程中採用扶手先行工法主要防止墜落，人員進入有墜落之虞處所前先行提供臨時防護，消除可能發生墜落的開口，以及防止人員發生墜落。

37

(1) 開口護欄要有設何種設施？
① 上欄杆、中欄杆及腳趾板   ② 天花板
③ 扶手   ④ 樓梯

解析 根據「營造安全衛生設施標準」第 20 條：

雇主依規定設置之護欄，應依下列規定辦理：

一、具有高度 90 公分以上之上欄杆、中間欄杆或等效設備（以下簡稱中欄杆）、腳趾板及杆柱等構材；其上欄杆、中欄杆及地盤面與樓板面間之上下開口距離，應不大於 55 公分。

38

(2) 移動梯寬度要有多少公分以上？
① 20   ② 30
③ 40   ④ 50

解析 根據「職業安全衛生設施規則」第 229 條：

雇主對於使用之移動梯，應符合下列之規定：

一、具有堅固之構造。

二、其材質不得有顯著之損傷、腐蝕等現象。

三、寬度應在 **30** 公分以上。

四、應採取防止滑溜或其他防止轉動之必要措施。

39

（ 2 ） 下列有關合梯的使用規範，何者為非？

①具有堅固之構造

②梯角與地面應在 80 度以內，且兩梯腳間有繫材扣牢

③有安全梯面

④無明顯損傷、腐蝕

解析　根據「職業安全衛生設施規則」第 230 條：

雇主對於使用之合梯，應符合下列規定：

一、具有堅固之構造。

二、其材質不得有顯著之損傷、腐蝕等。

三、梯腳與地面之角度應在 **75** 度以內，且兩梯腳間有金屬等硬質繫材扣牢，腳部有防滑絕緣腳座套。

四、有安全之防滑梯面。

雇主不得使勞工以合梯當作二工作面之上下設備使用，並應禁止勞工站立於頂板作業。

40

（ 1 ） 何者非安全合梯使用方式？

①可夾著合梯移動　　　　②高度 2 公尺內使用

③ 2 人協同作業　　　　④不可單側使用

解析　根據勞動部職業安全衛生署之「移動梯及合梯作業安全檢查重點及注意事項」說明：

常見油漆、修補等作業人員跨立於合梯上利用兩梯腳作橫向移動，此舉易造成合梯兩梯腳靠攏或重心不穩而傾倒，應使用金屬等硬質繫材扣牢合梯，並不得有上述危險動作以避免發生危險。

41

(1) 依「職業安全衛生設施規則」規定，高差超過幾公尺以上之施工作業場所，需設置安全上下設備？

① 1.5 　　　　　　　　　　② 2

③ 3 　　　　　　　　　　④ 2.5

解析 根據「職業安全衛生設施規則」第 228 條：

雇主對勞工於高差超過 **1.5** 公尺以上之場所作業時，應設置能使勞工安全上下之設備。

42

(2) 為防止吊籠與上方物體接觸造成捲揚鋼索斷裂，應裝設何設施？

①過負荷預防裝置 　　　　②過捲揚預防裝置

③防傾倒裝置 　　　　　　④以上皆是

解析 根據勞動部職業安全衛生署之「吊籠作業實務技術手冊」：

過捲預防裝置安裝於工作臺吊籠昇降架上端，當工作臺吊籠上升至過捲預防裝置極限開關時，自動關閉電源吊籠停止。

43

（ 1 ） 高度 2 公尺以上之施工架與結構體間之開口如設置補助板料或長條型人員防護網防墜，所預留之作業寬度應在幾公分以下？

① 20　　　　　　　　　　② 30

③ 40　　　　　　　　　　④ 50

解析

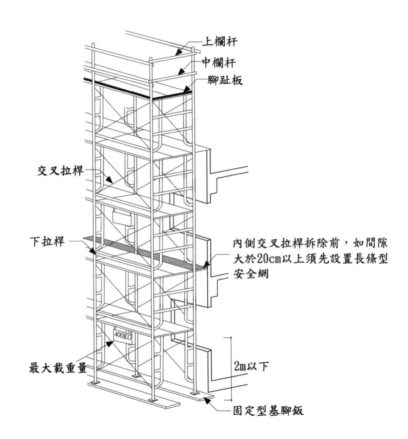

資料來源：行政院勞工委員會「營造安全衛生設施標準」圖解

44

(1) 依「高架作業勞工保護措施標準」規定，高度在 2 公尺以上未滿 5 公尺者，每連續作業 2 小時，應給予作業勞工至少幾分鐘的休息時間？

① 20　　　　　　　　　　② 25

③ 35　　　　　　　　　　④ 15

| 解析　根據「高架作業勞工保護措施標準」第 4 條：

雇主使勞工從事高架作業時，應減少工作時間，每連續作業 2 小時，應給予作業勞工下列休息時間：

一、高度在 2 公尺以上未滿 5 公尺者，至少有 **20 分鐘**休息。

二、高度在 5 公尺以上未滿 20 公尺者，至少有 25 分鐘休息。

三、高度在 20 公尺以上者，至少有 35 分鐘休息。

45

(4) 安全施工架作業應注意哪些規定？

① 樓板與施工架間設置防墜網

② 舖設補助板料

③ 樓板與施工架間距要小於 20 公分

④ 以上皆是

| 解析　根據勞動部職業安全衛生署之「施工架作業安全檢查重點及注意事項」說明：

勞工於施工架工作台上作業，須拆除內側交叉拉桿及下拉桿時，應設置補助踏板或長條型防墜網使其與樓板間之寬度保持在 **20 公分以下**，可避免勞工墜落。

46

(1) 何者非安全移動式施工架之護欄相關規範？
①上欄杆高於 80 公分
②上、中欄杆及地板之開口不大於 55 公分
③安全上下設備
④有腳趾板

解析 根據「營造安全衛生設施標準」第 20 條：

雇主依規定設置之護欄，應依下列規定辦理：

一、具有高度 **90 公分以上之上欄杆**、中間欄杆或等效設備（以下簡稱中欄杆）、腳趾板及杆柱等構材；其上欄杆、中欄杆及地盤面與樓板面間之上下開口距離，應不大於 55 公分。

47

(2) 使用安全帶目的？
①防止感電　　　　　　　②防止墜落
③防止中毒　　　　　　　④幫助平衡

解析 墜落防止方法包含開口設置護欄、開口掛安全網或使用安全母索及安全帶。

48

(4) 依「職業安全衛生設施規則」規定，以捲揚機吊運物料應符合之規定中，下列敘述何者錯誤？
①吊鉤或吊具應有防止吊舉中所吊物體脫落之裝置
②應避免鄰近電力線作業
③應設有防止過捲裝置
④吊運作業中可讓人員進入吊掛物下方

解析　根據「職業安全衛生設施規則」第 155-1 條：

雇主使勞工以捲揚機等吊運物料時，應依下列規定辦理：

一、安裝前須核對並確認設計資料及強度計算書。

二、吊掛之重量不得超過該設備所能承受之最高負荷，並應設有防止超過負荷裝置。但設置有困難者，得以標示代替之。

三、不得供人員搭乘、吊升或降落。但臨時或緊急處理作業經採取足以防止人員墜落，且採專人監督等安全措施者，不在此限。

四、吊鉤或吊具應有防止吊舉中所吊物體脫落之裝置。

五、錨錠及吊掛用之吊鏈、鋼索、掛鉤、纖維索等吊具有異狀時應即修換。

六、吊運作業中應嚴禁人員進入吊掛物下方及吊鏈、鋼索等內側角。

七、捲揚吊索通路有與人員碰觸之虞之場所，應加防護或有其他安全設施。

八、操作處應有適當防護設施，以防物體飛落傷害操作人員，採坐姿操作者應設坐位。

九、應設有防止過捲裝置，設置有困難者，得以標示代替之。

十、吊運作業時，應設置信號指揮聯絡人員，並規定統一之指揮信號。

十一、應避免鄰近電力線作業。

十二、電源開關箱之設置，應有防護裝置。

49

（ 4 ） 雇主對於使用之移動梯，應符合哪些規定？

① 具有堅固之構造

② 其材質不得有顯著之損傷、腐蝕等現象

③ 寬度應 30 公分以上且應採取防止滑溜或其他防止轉動之必要措施

④ 以上皆是

解析 根據「職業安全衛生設施規則」第 229 條：

雇主對於使用之移動梯，應符合下列之規定：

一、具有堅固之構造。

二、其材質不得有顯著之損傷、腐蝕等現象。

三、寬度應在 30 公分以上。

四、應採取防止滑溜或其他防止轉動之必要措施。

50

(2) 有關使用合梯時之規定何者錯誤？

① 具有堅固之構造 ② 兩梯腳間須以纖維索繫牢

③ 有安全之防滑梯面 ④ 腳部有防滑絕緣腳座套

解析 根據「職業安全衛生設施規則」第 230 條：

雇主對於使用之合梯，應符合下列規定：

一、具有堅固之構造。

二、其材質不得有顯著之損傷、腐蝕等。

三、梯腳與地面之角度應在 75 度以內，且兩梯腳間有金屬等硬質繫
材扣牢，腳部有防滑絕緣腳座套。

四、有安全之防滑梯面。

雇主不得使勞工以合梯當作二工作面之上下設備使用，並應禁止勞
工站立於頂板作業。

51

(2) 因作業需要臨時拆除護欄後要注意什麼？

① 找人幫忙看著 ② 使用安全帶

③ 去除安全網 ④ 以上皆是

解析 根據「職業安全衛生設施規則」第 224 條：

雇主對於高度在 2 公尺以上之工作場所邊緣及開口部分，勞工有遭
受墜落危險之虞者，應設有適當強度之護欄、護蓋等防護設備。

雇主為前項措施顯有困難，或作業之需要臨時將護欄、護蓋等拆除，應採取使勞工使用安全帶等防止因墜落而致勞工遭受危險之措施。

52

（ 3 ）　工作者被派施作護欄時，下列敘述何者有誤？
①先佩戴安全帶　　　　　　②使用防墜輔具
③喝含有酒精性飲料　　　　④評估風險

| 解析　根據「高架作業勞工保護措施標準」第 8 條第 1 款：

勞工有下列情事之一者，雇主不得使其從事高架作業：

一、酒醉或有酒醉之虞者。

施作護欄是為了避免高架作業時發生墜落危害，而高架作業前應避免飲用含有酒精性飲料。

53

（ 3 ）　如施工需要打開護蓋作業，不要有下列何種行為？
①使用安全帶　　　　　　　②用後蓋回
③丟垃圾　　　　　　　　　④通知主管

| 解析　根據「職業安全衛生設施規則」第 224 條：

雇主對於高度在 2 公尺以上之工作場所邊緣及開口部分，勞工有遭受墜落危險之虞者，應設有適當強度之護欄、護蓋等防護設備。

雇主為前項措施顯有困難，或作業之需要臨時將護欄、護蓋等拆除，應採取使勞工使用安全帶等防止因墜落而致勞工遭受危險之措施。

另垃圾應打包好後經正常管道丟棄，不可將護蓋打開後丟棄垃圾。

54

(3) 關於施工架之搭設，下列何者有誤？

① 應在入口明顯處明確標示施工架之載重限制

② 高度 7 公尺以上施工架且立面面積達 330 平方公尺之施工架之強度計算需經簽章確認

③ 高度差距 2 公尺以上之作業面，可設置合梯做為上下設施

④ 應於施工架兩端立架及轉角處設置護欄

解析　依據「營造安全衛生設施標準」第 47 條：

雇主不得使勞工在施工架上使用梯子、合梯或踏凳等從事作業。

55

(4) 施工架在適當之垂直、水平距離處與構造物妥實連接，其間隔在垂直方向及水平方向以不超過多少為限？

① 7 公尺及 7.5 公尺　　　　② 5.5 公尺及 8 公尺

③ 6 公尺及 8 公尺　　　　　④ 5.5 公尺及 7.5 公尺

解析　根據「營造安全衛生設施標準」第 45 條第 3 款：

雇主為維持施工架及施工構臺之穩定，應依下列規定辦理：

三、施工架在適當之垂直、水平距離處與構造物妥實連接，其間隔在垂直方向以不超過 5.5 公尺，水平方向以不超過 7.5 公尺為限。但獨立而無傾倒之虞或已依第 59 條第 5 款規定辦理者，不在此限。

56

（ 1 ）　下列何者非屬施工架與建物間距過大時，應採取之措施？
①裝設防塵網　　　　　　　②於施工架與建物間裝設防墜網
③確實使用安全帶　　　　　④增設延伸踏板

| 解析　防塵網位於施工架外側，主要功能為防止施工粉塵向外飛散，造成空氣污染。

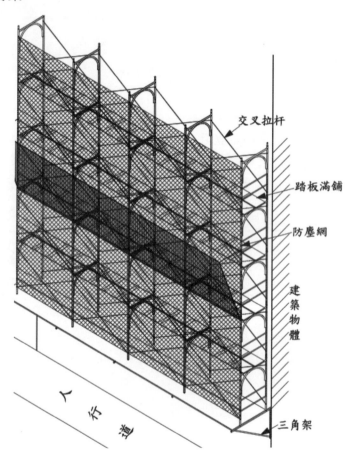

資料來源：行政院勞工委員會「營造安全衛生設施標準」圖解

57

(4) 雇主對於在高度 2 公尺以上之高處作業，勞工有墜落之虞者，應使勞工確實使用哪些防護？
①安全帶　　　　　　　　②安全帽
③其他必要之防護具　　　④以上皆是

解析 根據「職業安全衛生設施規則」第 281 條第 1 項：

雇主對於在高度 2 公尺以上之高處作業，勞工有墜落之虞者，應使勞工確實使用安全帶、安全帽及其他必要之防護具，但經雇主採安全網等措施者，不在此限。

58

(1) 雇主對勞工於吊籠工作台上作業時，應使勞工佩戴防護為何？
①安全帶及安全帽　　　　②反光背心
③安全網　　　　　　　　④以上皆非

解析 吊籠工作台上作業有墜落之虞，除了工作台有護欄之外，為避免作業過程晃動造成人員墜落，應使勞工佩戴安全帶及安全帽，多一分保障。

59

(1) 使用高空工作車從事作業，操作者與工作台上之勞工間之連絡方式？
①統一指揮信號　　　　　②隨意
③不用　　　　　　　　　④以上皆是

解析 根據「職業安全衛生設施規則」第 128-1 條第 3 款：

雇主對於使用高空工作車之作業，應依下列事項辦理：

三、在工作台以外之處所操作工作台時，為使操作者與工作台上之勞工間之連絡正確，應規定統一之指揮信號，並指定人員依該信號從事指揮作業等必要措施。

60

（ 4 ） 作業時應注意哪些事項？
① 區域需確實做管制嚴禁人員進入作業區域內
② 設置警示圍籬
③ 作業人員確實著反光背心及安全帶
④ 以上皆是

解析 各項作業皆須注意安全，禁止無關人員進入作業區內，並設置警示圍籬以區分作業區及警示其他用路人，此外作業人員也需穿著反光背心及安全帶。

61

（ 2 ） 使用高空作業車從事作業時，下列敘述哪項錯誤？
① 可以站立於堅硬地面或設置其他防傾倒設施
② 可使用 A 字梯
③ 不可爬出護欄外作業
④ 外觀應完好無損壞、無生鏽現象

解析 一、高空作業車作業時有一定墜落風險，故須於平坦堅固之場所上作業並防止該高空作業車之翻倒或翻落等危害。

二、車體外觀如有損壞、生鏽應停止作業並檢修保養後始得作業，在作業車上作業之人員也應穿戴好安全帶並鉤掛在作業車上，不可爬出護欄外作業。

三、作業車內禁止使用 A 字梯或板凳等增加作業高度，避免人員墜落發生。

62

(2) 何者非安全的移動式施工架規範？

①具剎車的腳輪 ②人員在上面作業時得移動

③支撐座外伸穩固 ④工作平臺舖滿

解析 根據「營造安全衛生設施標準」第 59 條第 1 項第 3 款：

雇主對於鋼管施工架之設置，應依下列規定辦理：

三、裝有腳輪之移動式施工架，勞工作業時，其腳部應以有效方法固定之；勞工於其上作業時，不得移動施工架。

63

(2) 以下關於安全母索的設置，何者不正確？

①安全母索得由鋼索、尼龍繩索或合成纖維之材質構成，其最小斷裂強度應在 2,300 公斤以上

②安全帶、安全母索及其配件、錨錠，在使用前或承受衝擊後仍可再使用

③安全帶之繫索或安全母索應予保護，避免受切斷或磨損

④安全母索之下端應有防止安全帶鎖扣自尾端脫落之設施

解析 根據「營造安全衛生設施標準」第 23 條第 1 項第 6 款：

雇主提供勞工使用之安全帶或安裝安全母索時，應依下列規定辦理：

六、安全帶、安全母索及其配件、錨錠，在使用前或承受衝擊後，應進行檢查，有磨損、劣化、缺陷或其強度不符者不得再使用。

64

(1) 施工架與結構體間開口部分，有墜落危險之虞者應有？
① 安全網　　　　　　　　② 告示牌
③ 交叉拉桿　　　　　　　④ 椅子

解析　根據「營造安全衛生設施標準」第 19 條第 1 項：

雇主對於高度 2 公尺以上之屋頂、鋼梁、開口部分、階梯、樓梯、坡道、工作臺、擋土牆、擋土支撐、施工構臺、橋梁墩柱及橋梁上部結構、橋臺等場所作業，勞工有遭受墜落危險之虞者，應於該處設置護欄、護蓋或安全網等防護設備。

65

(1) 依「營造安全衛生設施標準」規定，雇主對勞工於鐵皮屋頂從事作業時，應設置適當強度，且寬度在多少公分以上之踏板？
① 30　　　　　　　　　　② 56
③ 60　　　　　　　　　　④ 以上皆非

解析　根據「營造安全衛生設施標準」第 18 條第 1 項第 3 款：

雇主使勞工於屋頂從事作業時，應指派專人督導，並依下列規定辦理：

三、於易踏穿材料構築之屋頂作業時，應先規劃安全通道，於屋架上設置適當強度，且寬度在 **30 公分**以上之踏板，並於下方適當範圍裝設堅固格柵或安全網等防墜設施。但雇主設置踏板面積已覆蓋全部易踏穿屋頂或採取其他安全工法，致無踏穿墜落之虞者，不在此限。

66

(2) 營建工地各類物料之堆放或儲存，不可堆置於護欄前方多少公尺
以內？

① 4 　　　　　　　　　　② 2

③ 5 　　　　　　　　　　④ 3

| **解析** 根據「營造安全衛生設施標準」第 20 條第 7 款：

雇主依規定設置之護欄，應依下列規定辦理：

七、護欄前方 **2 公尺**內之樓板、地板，不得堆放任何物料、設備，
並不得使用梯子、合梯、踏凳作業及停放車輛機械供勞工使
用。但護欄高度超過堆放之物料、設備、梯、凳及車輛機械之
最高部達 90 公分以上，或已採取適當安全設施足以防止墜落
者，不在此限。

67

(3) 高度 2 公尺以上之使用施工架作業，其漏空隔條製踏板縫間隙不可
超過多少公分？

① 5 　　　　　　　　　　② 4

③ 3 　　　　　　　　　　④ 2

| **解析** 根據「營造安全衛生設施標準」第 48 條第 1 項第 2 款：

雇主使勞工於高度 2 公尺以上施工架上從事作業時，應依下列規定
辦理：

二、工作臺寬度應在 40 公分以上並舖滿密接之踏板，其支撐點應有
2 處以上，並應綁結固定，使其無脫落或位移之虞，踏板間縫隙
不得大於 **3 公分**。

68

(3)　依「職業安全衛生設施規則」規定，雇主架設之通道，在有墜落之虞之場所，應置備高度多少公分以上之堅固扶手？

① 55　　　　　　　　　　② 180

③ 75　　　　　　　　　　④ 90

解析　根據「職業安全衛生設施規則」第 36 條第 4 款：

雇主架設之通道及機械防護跨橋，應依下列規定：

四、有墜落之虞之場所，應置備高度 **75 公分**以上之堅固扶手。在作業上認有必要時，得在必要之範圍內設置活動扶手。

69

(2)　為預防高處作業的災害，下列何者有誤？

①於鄰近結構物之周遭下方設置斜籬

②高差未達 2 公尺之作業面，可不設置安全之上下設備

③應以高空工作車或架設施工架或其他方法設置工作台

④高度 2 公尺以上之高處作業，已採安全網者，勞工可不用使用安全帶

解析　根據「職業安全衛生設施規則」第 228 條：

雇主對勞工於高差超過 **1.5 公尺**以上之場所作業時，應設置能使勞工安全上下之設備。

70

(3)　使用合梯時，下列何者有誤？

①有安全之梯面

②腳部需撐開與地面成 75 度

③ 5 公尺以上仍應使用合梯作業

④單人使用時，禁止登上最上一層頂板

解析 根據「職業安全衛生設施規則」第 230 條：

雇主對於使用之合梯，應符合下列規定：

一、具有堅固之構造。

二、其材質不得有顯著之損傷、腐蝕等。

三、梯腳與地面之角度應在 **75 度以內**，且兩梯腳間有金屬等硬質繫材扣牢，腳部有防滑絕緣腳座套。

四、有安全之防滑梯面。

雇主不得使勞工以合梯當作二工作面之上下設備使用，並應禁止勞工站立於頂板作業。

3-4 施工機械設備安全管理實務 甲 乙 丙
(含起重升降機具、高空工作車管理)

01

(2) 使用起重機具從事吊掛作業之勞工，應確認起重機具之何種荷重，並使所吊荷物之重量在此荷重值以下？
① 路面設計荷重 ② 額定荷重
③ 積載荷重 ④ 吊卡車荷重

解析 根據「起重升降機具安全規則」第 63 條第 1 款：

雇主對於使用起重機具從事吊掛作業之勞工，應使其辦理下列事項：

一、確認起重機具之額定荷重，使所吊荷物之重量在額定荷重值以下。

2

（ 3 ） 具有吊鉤、抓斗等吊具，為防止該吊具之捲揚用槽輪之上方與捲胴、槽輪、吊運車、桁架或其他有碰撞之虞物體下方間之間隔，若非為直動式過捲預防裝置者，應保持在幾公分以上之構造？

① 10 ② 5
③ 25 ④ 15

解析 根據「職業安全衛生設施規則」第 91 條：

雇主對於起重機具之吊鉤或吊具，為防止與吊架或捲揚胴接觸、碰撞，應有至少保持 0.25 公尺距離之過捲預防裝置，如為直動式過捲預防裝置者，應保持 0.05 公尺以上距離；並於鋼索上作顯著標示或設警報裝置，以防止過度捲揚所引起之損傷。

依題意，非為直動式過捲預防裝置應保持 0.25 公尺距離，換算為 **25 公分**。

0.25 公尺 × 100 公分 = 25 公分。

03

（ 2 ） 以下何者非車輛機械之正確操作方式？

① 駕駛者離開其位置時，應依相關規定防止該機械逸走
② 混凝土澆置人員得坐於泵送車斗
③ 作業時，禁止人員進入半徑內
④ 不得供為主要用途以外之用途

解析 根據「職業安全衛生設施規則」第 116 條：

雇主對於勞動場所作業之車輛機械，應使駕駛者或有關人員負責執行下列事項：

一、除非所有人員已遠離該機械，否則不得起動。但駕駛者依規定就位者，不在此限。

二、車輛系營建機械及堆高機，除乘坐席位外，於作業時不得搭載勞工。

三、車輛系營建機械作業時，禁止人員進入操作半徑內或附近有危險之虞之場所。但駕駛者依規定就位者或另採安全措施者，不在此限。

四、應注意遠離帶電導體，以免感電。

五、應依製造廠商規定之安全度及最大使用荷重等操作。

六、禁止停放於有滑落危險之虞之斜坡。但已採用其他設備或措施者，不在此限。

七、禁止夜間停放於交通要道。

八、不得使動力系挖掘機械於鏟、鋏、吊斗等，在負載情況下行駛。

九、不得使車輛機械供為主要用途以外之用途。但使用適合該用途之裝置無危害勞工之虞者，不在此限。

十、不得使勞工搭載於堆高機之貨叉所承載貨物之托板、撬板及其他堆高機（乘坐席以外）部分。但停止行駛之堆高機，已採取防止勞工墜落設備或措施者，不在此限。

十一、駕駛者離開其位置時，應將吊斗等作業裝置置於地面，並將原動機熄火、制動，並安置煞車等，防止該機械逸走。

十二、堆高機於駕駛者離開其位置時，應採將貨叉等放置於地面，並將原動機熄火、制動。

十三、車輛及堆高機之修理或附屬裝置之安裝、拆卸等作業時，於機臂、突梁、升降台及車台，應使用安全支柱、絞車等防止物體飛落之設施。

十四、使用座式操作之配衡型堆高機及側舉型堆高機，應使擔任駕駛之勞工確實使用駕駛座安全帶。但駕駛座配置有車輛傾倒時，防止駕駛者被堆高機壓傷之護欄或其他防護設施者，不在此限。

十五、車輛機械之作業或移動，有撞擊工作者之虞時，應置管制引導人員。

04

（ 3 ） 高層建築使用塔式起重機進行各種物料吊運作業，下列敘述何者
正確？
① 無須標示額定荷重
② 無須依照起重機荷重表規定之作業半徑及容許荷重作業
③ 強風、大雨等惡劣氣候，塔式起重機應停止作業
④ 吊舉物可任意橫越人員作業區域，不需管制

解析 根據「起重升降機具安全規則」第 22 條第 6 款：

雇主對於固定式起重機之檢修、調整、操作、組配或拆卸等，應依
下列規定辦理：

六、因強風、大雨、大雪等惡劣氣候，致作業有危險之虞時，應禁止
工作。

05

（ 4 ） 起重機具之運轉作業採取下列措施何者不正確？
① 吊掛物使用吊耳時，吊耳位置及數量應達確實平衡
② 吊掛用具應有足夠強度
③ 運轉時採取防止吊掛物通過人員上方措施
④ 吊鉤防滑舌片彈性鬆弛

解析 根據「職業安全衛生設施規則」第 92 條：

雇主對於起重機具之運轉，應於運轉時採取防止吊掛物通過人員上
方及人員進入吊掛物下方之設備或措施。

從事前項起重機具運轉作業時，為防止吊掛物掉落，應依下列規定
辦理：

一、吊掛物使用吊耳時，吊耳設置位置及數量，應能確保吊掛物之
平衡。

二、吊耳與吊掛物之結合方式，應能承受所吊物體之整體重量，使其不致脫落。

三、使用吊索（繩）、吊籃等吊掛用具或載具時，應有足夠強度。

06

(3) 有關高空工作車之安全規定，下列敘述何者錯誤？
① 構造應符合 CNS 14965
② 除工作臺相對於地面作垂直上升或下降之高空工作車外，雇主應使該高空工作車工作臺上之勞工佩戴安全帶
③ 高空工作車可作為移動式起重機使用
④ 不得使高空工作車供為主要用途外之用途

解析 根據「職業安全衛生設施規則」第 128-1 條第 6 款：

六、不得使高空工作車為主要用途以外之用途。但無危害勞工之虞者，不在此限。

(4) 某公司承攬衛生下水道工程，於推進工作井鑽挖過程，鑽破無預期之瓦斯管，請問該公司如何作為？
① 立即停工，圍起封鎖線，派員警戒，通知相關人員到場處理
② 通知業主變更設計後再行施工
③ 拍照存證
④ 通知消防人員到場警戒，立即填補

解析 消防局架設水線防護，使用氣體偵測器偵測洩漏源，並劃定警戒區禁止人車進入。

08

（ 4 ） 某建築工地因暴雨路面積水，導致已完成結構之地下室淹水，路面積水消退後，將進行抽排水作業，下列敘述何者錯誤？
① 抽排水作業前，應先確認淹水區內所有電源均已斷電
② 抽水機電源之接電作業，應由專業電氣技術人員辦理
③ 地下室內不宜使用汽油抽水機
④ 抽水機電源可以接於無熔絲開關之電源側

解析　無熔絲開關常用於低壓過電流保護器，對於過載或短路所引起的故障電流，能自動啟斷電路，無須更換保險絲，可復歸使用。因此，抽水機電源應接於無熔絲開關之負載側。

09

（ 3 ） 起重機及人字臂起重桿吊掛用具之吊鏈使用安全規定，下列何種情況仍可使用？
① 直徑減少達公稱直徑 7% 以上者
② 斷面直徑減少超過製造時之 10% 者
③ 有腐蝕仍可使用
④ 有龜裂仍可使用

解析　根據「起重升降機具安全規則」第 69 條：

雇主不得以有下列各款情形之一之吊鏈，供起重吊掛作業使用：

一、延伸長度超過製造時長度 5% 以上者。

二、斷面直徑減少超過製造時之 10% 者。

三、有龜裂者。

選項①為鋼索禁用規定，與吊鏈禁用規定無關。

（ 1 ） 某建築工程結構體已完成，於電梯間設置捲揚機，進行裝修物料之吊運作業，下列敘述何者錯誤？
①電梯間設置捲揚機，進行物料之吊運作業無須管制
②吊料作業人員應先鈎掛安全帶，再打開電梯口護欄
③吊料作業範圍應有充分照明
④暫停吊運物料時，應立即關閉電梯口護欄並上鎖

解析　根據「職業安全衛生設施規則」第 155-1 條：

雇主使勞工以捲揚機等吊運物料時，應依下列規定辦理：

一、 安裝前須核對並確認設計資料及強度計算書。

二、 吊掛之重量不得超過該設備所能承受之最高負荷，並應設有防止超過負荷裝置。但設置有困難者，得以標示代替之。

三、 不得供人員搭乘、吊升或降落。但臨時或緊急處理作業經採取足以防止人員墜落，且採專人監督等安全措施者，不在此限。

四、 吊鈎或吊具應有防止吊舉中所吊物體脫落之裝置。

五、 錨錠及吊掛用之吊鏈、鋼索、掛鈎、纖維索等吊具有異狀時應即修換。

六、 吊運作業中應嚴禁人員進入吊掛物下方及吊鏈、鋼索等內側角。

七、 捲揚吊索通路有與人員碰觸之虞之場所，應加防護或有其他安全設施。

八、 操作處應有適當防護設施，以防物體飛落傷害操作人員，採坐姿操作者應設坐位。

九、 應設有防止過捲裝置，設置有困難者，得以標示代替之。

十、 吊運作業時，應設置信號指揮聯絡人員，並規定統一之指揮信號。

十一、 應避免鄰近電力線作業。

十二、 電源開關箱之設置，應有防護裝置。

因此，以上項目都是電梯間吊運物料所需管制事項。

3
營造業管理實務‧施工機械設備安全管理實務

11

（ 2 ）　下列有關施工機具評估之敘述，何者錯誤？

①施工機械設備之作業方式必須符合法令規定安全需求

②機械設備尺寸無關乎操作性能，無須特別予以規範

③評估施工機械所完成之工作品質必須符合規範需求

④依據施工機械設備之規格、性能評估其功率是否能滿足工程預定進度所需

解析　營造業使用移動式起重機吊運物料經常發生職業災害，究其原因以未防止人員於吊掛物料下方佔比最高，為避免再發應事前評估移動式起重機之伸臂旋轉範圍，並將此範圍予以管制，禁止人員進入。災害原因亦包含超過移動式起重機之額定荷重。因此，具有伸臂之移動式起重機，應依其構造及材質、伸臂之傾斜角及長度、吊運車之位置等因素，決定當下之額定荷重。

12

（ 1 ）　使用移動式起重機以鋼索作為吊掛用具吊運鋼筋，若吊運過程鋼索斷裂，可能發生何種職業災害？

①物體飛落　　　　　　　　②被撞

③倒塌　　　　　　　　　　④墜落

解析　根據勞動部勞動統計名詞之勞工職業災害類型說明：

一、物體飛落：指以飛行物、落下物為主體碰觸到人之情形。（含研削物破裂、切斷片、切削粉飛來，及自持物落下之情形；又容器破裂應分類為物體破裂）。

二、被撞：指除物體飛落、物體倒崩、崩塌外，以物為主體碰觸到人之情形。

三、物體倒塌、崩塌：指堆積物、施工架、建築物等崩落碰觸到人之情形。

四、墜落、滾落：指人從樹木、建築物、施工架、機械、搭乘物、階梯、斜面等落下情形。（不含交通事故）（感電墜落應分類為感電）

13

(3) 使用具有外伸撐座之移動式起重機，其外伸撐座應如何使用？
①依起重大小外伸　　　②依現場空間大小外伸
③伸至最大極限位置　　④視伸臂長度決定外伸

| 解析　根據「起重升降機具安全規則」第 32 條：

使用具有外伸撐座之移動式起重機，原則上應將其外伸撐座伸至最大極限位置。

14

(3) 下列有關於堆高機設置規定何者不正確？
①堆高機應於其左右各設一個方向指示器
②堆高機應設置警報裝置
③堆高機僅需設置前照燈即可
④堆高機應設置後扶架

| 解析　根據「機械設備器具安全標準」第 78 條：

堆高機應設置前照燈及後照燈。但堆高機已註明限照度良好場所使用者，不在此限。

15

（ 3 ） 下列何者為具有危險性之機械或設備？
　　①堆高機　　　　　　　　　　②剪床
　　③營建用升降機　　　　　　　④怪手

解析　根據「職業安全衛生法施行細則」第 22 條：

「職業安全衛生法」所稱具有危險性之機械，指符合中央主管機關所定一定容量以上之下列機械：

一、固定式起重機。

二、移動式起重機。

三、人字臂起重桿。

四、營建用升降機。

五、營建用提升機。

六、吊籠。

七、其他經中央主管機關指定公告具有危險性之機械。

根據「職業安全衛生法施行細則」第 23 條：

「職業安全衛生法」所稱具有危險性之設備，指符合中央主管機關所定一定容量以上之下列設備：

一、鍋爐。

二、壓力容器。

三、高壓氣體特定設備。

四、高壓氣體容器。

五、其他經中央主管機關指定公告具有危險性之設備。

16

（ 1 ） 吊升荷重在 3 公噸以上之移動式起重機使用前，應備有何種證明才可使用？
①檢查合格證　　　　　　②保險證
③吊掛證　　　　　　　　④以上皆是

| 解析　根據「職業安全衛生法」第 16 條第 1 項：

吊升荷重在 3 公噸以上之移動式起重機，非經勞動檢查機構或中央主管機關指定之代行檢查機構檢查合格，不得使用；其使用超過規定期間者，非經再檢查合格，不得繼續使用。

根據「危險性機械及設備安全檢查規則」第 26 條第 2 項：

使用檢查合格之移動式起重機，檢查機構應發給使用檢查結果報告表及檢查合格證，其有效期限最長為 2 年。

根據「危險性機械及設備安全檢查規則」第 27 條第 1 項：

雇主於移動式起重機檢查合格證有效期限屆滿前 1 個月，應填具移動式起重機定期檢查申請書，向檢查機構申請定期檢查；逾期未申請檢查或檢查不合格者，不得繼續使用。

17

（ 3 ） 鋼架上作業使用交流電焊機本體要裝何設備？
①避雷針　　　　　　　　②漏電斷路器
③自動電擊防止裝置　　　④防爆器

| 解析　根據「職業安全衛生設施規則」第 250 條：

雇主對勞工於良導體機器設備內之狹小空間，或於鋼架等致有觸及高導電性接地物之虞之場所，作業時所使用之交流電焊機，應有自動電擊防止裝置。但採自動式焊接者，不在此限。

18

（ ２ ）　怪手之作業或移動時應如何處理？
①按喇叭
②設置管制員
③拆護欄
④以上皆是

解析　根據「職業安全衛生設施規則」第 6 條：

所稱車輛機械，係指能以動力驅動且自行活動於非特定場所之車輛、車輛系營建機械、堆高機等。

根據「職業安全衛生設施規則」第 116 條第 15 款：

雇主對於勞動場所作業之車輛機械，應使駕駛者或有關人員負責執行下列事項：

十五、車輛機械之作業或移動，有撞擊工作者之虞時，應置管制引導人員。

19

（ ４ ）　車輛停放斜坡道路作業時應如何預防危害發生？
①使用擋車裝置
②拉緊手煞車
③設置交通引導人員
④以上皆是

解析　根據「職業安全衛生設施規則」第 116 條第 6 款、第 15 款：

雇主對於勞動場所作業之車輛機械，應使駕駛者或有關人員負責執行下列事項：

六、禁止停放於有滑落危險之虞之斜坡。但已採用其他設備或措施者，不在此限。

十五、車輛機械之作業或移動，有撞擊工作者之虞時，應置管制引導人員。

上述採用其他安全設備或措施，參考「營造安全衛生設施標準」第 142 條第 6 款，車輛停放於斜坡上作業時，除應完全剎車外，並應將車輛墊穩，以免滑動。

20

(2) 使用氧氣乙炔作業時要有何種安全作為？
① 自動電擊防止裝置　　　　② 滅火器
③ 避雷針　　　　　　　　　④ 漏電斷路器

解析　氧乙炔熔接作業經常發生氧氣背壓過高、氧氣逆流及回火造成管線燃燒或氧乙炔火焰引燃周遭可燃物，故應事前準備滅火器作為緊急應變之用。

21

(1) 移動式起重機應裝設何種安全裝置？
① 過捲預防裝置　　　　　　② 避雷針
③ 漏電斷路器　　　　　　　④ 護欄

解析　根據「職業安全衛生設施規則」第 91 條：

雇主對於起重機具之吊鉤或吊具，為防止與吊架或捲揚胴接觸、碰撞，應有至少保持 0.25 公尺距離之過捲預防裝置，如為直動式過捲預防裝置者，應保持 0.05 公尺以上距離；並於鋼索上作顯著標示或設警報裝置，以防止過度捲揚所引起之損傷。

22

(2) 鋼筋搬運不要使用哪種設備？
① 使用移動式起重機　　　　② 使用挖土機
③ 使用貨車　　　　　　　　④ 使用塔吊

解析　根據「職業安全衛生設施規則」第 116 條第 9 款：

雇主對於勞動場所作業之車輛機械，應使駕駛者或有關人員負責執行下列事項：

九、不得使車輛機械供為主要用途以外之用途。但使用適合該用途之裝置無危害勞工之虞者，不在此限。

因此，挖土機之功能與吊運無關，不得作為鋼筋搬運之使用。

23

（ 4 ） 要協助吊車吊料要如何處理？
①取得吊掛作業訓練合格證明
②注意周遭人員，避免擅入吊運路線範圍內
③使用適當吊掛用具
④以上皆是

解析 根據「起重升降機具安全規則」第 63 條：

雇主對於使用起重機具從事吊掛作業之勞工，應使其辦理下列事項：

一、 確認起重機具之額定荷重，使所吊荷物之重量在額定荷重值以下。

二、 檢視荷物之形狀、大小及材質等特性，以估算荷物重量，或查明其實際重量，並選用適當吊掛用具及採取正確吊掛方法。

三、 估測荷物重心位置，以決定吊具懸掛荷物之適當位置。

四、 起吊作業前，先行確認其使用之鋼索、吊鏈等吊掛用具之強度、規格、安全率等之符合性；並檢點吊掛用具，汰換不良品，將堪用品與廢棄品隔離放置，避免混用。

五、 起吊作業時，以鋼索、吊鏈等穩妥固定荷物，懸掛於吊具後，再通知起重機具操作者開始進行起吊作業。

六、 當荷物起吊離地後，不得以手碰觸荷物，並於荷物剛離地面時，引導起重機具暫停動作，以確認荷物之懸掛有無傾斜、鬆脫等異狀。

七、 確認吊運路線，並警示、清空擅入吊運路線範圍內之無關人員。

八、 與起重機具操作者確認指揮手勢，引導起重機具吊升荷物及水平運行。

九、 確認荷物之放置場所，決定其排列、放置及堆疊方法。

十、 引導荷物下降至地面。確認荷物之排列、放置安定後，將吊掛用具卸離荷物。

十一、 其他有關起重吊掛作業安全事項。

24

（ 2 ） 使用手持砂輪機敘述何者正確？

①拆除防護罩　　　　　　②先試運轉

③敲擊砂輪片　　　　　　④單手握持

| 解析　根據「職業安全衛生設施規則」第 62 條第 1 項：

雇主對於研磨機之使用，應依下列規定：

一、研磨輪應採用經速率試驗合格且有明確記載最高使用周速度者。

二、規定研磨機之使用不得超過規定最高使用周速度。

三、規定研磨輪使用，除該研磨輪為側用外，不得使用側面。

四、規定研磨機使用，應於每日作業開始前試轉 1 分鐘以上，研磨輪更換時應先檢驗有無裂痕，並在防護罩下試轉 3 分鐘以上。

25

（ 4 ） 工作電燈不亮可能原因？

①燈泡壞了　　　　　　　②沒接電

③漏電斷路器跳脫　　　　④以上皆是

| 解析　漏電斷路器跳脫原理：

當電燈側有故障點時，有部分漏電電流流入大地，因而電驛動作切斷電燈電源，降低感電風險達到保護工作人員之目的。因此，工作電燈不亮有可能因為燈泡本身壞掉、沒有接電或是漏電斷路器之跳脫造成。

26

(1) 依現行職業安全衛生法令規定，下列何者非經代行檢查機構檢查合格，不得使用？
①吊升荷重 25 公噸之塔式起重機
②橋梁上部結構施工之懸臂工作車
③荷重 1 公噸以上之堆高機
④橋梁上部結構施工之支撐先進工作車

解析　根據「職業安全衛生法」第 16 條第 1 項：

雇主對於經中央主管機關指定具有危險性之機械或設備，非經勞動檢查機構或中央主管機關指定之代行檢查機構檢查合格，不得使用；其使用超過規定期間者，非經再檢查合格，不得繼續使用。

根據「危險性機械及設備安全檢查規則」第 3 條：

本規則適用於下列容量之危險性機械：

一、**固定式起重機**：吊升荷重在 3 公噸以上之固定式起重機或 1 公噸以上之斯達卡式起重機。

二、**移動式起重機**：吊升荷重在 3 公噸以上之移動式起重機。

三、**人字臂起重桿**：吊升荷重在 3 公噸以上之人字臂起重桿。

四、**營建用升降機**：設置於營建工地，供營造施工使用之升降機。

五、**營建用提升機**：導軌或升降路高度在 20 公尺以上之營建用提升機。

六、**吊籠**：載人用吊籠。

塔式起重機即是屬於上述之固定式起重機的一種。

27

(4) 吊升荷重 3 公噸以上之移動式起重機進場進行吊掛作業時，應備有哪些證照始可作業？
① 起重機檢查合格證 　　② 操作手證照
③ 吊掛指揮手證照 　　④ 以上皆是

解析　吊升荷重 3 公噸以上之移動式起重機屬於危險性機械。

起重機檢查合格證：根據「職業安全衛生法」第 16 條第 1 項：

雇主對於經中央主管機關指定具有危險性之機械或設備，非經勞動檢查機構或中央主管機關指定之代行檢查機構檢查合格，不得使用；其使用超過規定期間者，非經再檢查合格，不得繼續使用。

操作手證照：根據「職業安全衛生法」第 24 條：

經中央主管機關指定具有危險性之機械或設備之操作人員，雇主應僱用經中央主管機關認可之訓練或經技能檢定之合格人員充任之。

吊掛指揮手證照：根據「起重升降機具安全規則」第 62 條第 1 項：

雇主對於使用移動式起重機從事吊掛作業之勞工，應僱用曾受吊掛作業訓練合格者擔任。但已受吊升荷重在 3 公噸以上之起重機具操作人員訓練合格或具有起重機具操作技能檢定技術士資格者，不在此限。

28

(4) 施工電梯要有何種安全設備及措施？
① 合格證 　　② 操作員
③ 安全裝置 　　④ 以上皆是

解析　施工電梯：設置於營造工地供人員、材料或其他貨物上下高處之一種設備屬法令規定之升降機。因此，為防止意外事故之發生，施工電梯應符合國家法令規定升降機應具備之全部安全設施。包含檢查合格證、操作人員、升降機之終點極限開關、緊急停止裝置及其他安全裝置，並維持其效能。

29

(1)　「起重升降機具安全規則」所定「移動式起重機之搭乘設備」，應妥予安全設計，並委託中央主管機關認可之專業機構簽認，下列何者非屬「中央主管機關認可之專業機構」？

①營造工程公司

②結構技師事務所

③設置有機械或結構技師之工程技術顧問公司

④機械技師事務所

解析　根據「起重機吊掛搭乘設備搭載或吊升人員作業注意事項」第 4 條：

專業機構之簽認依下列規定：

專業機構應為置機械或結構技師，且依技師法規定登記及執業之技師事務所或工程技術顧問公司。

30

(4)　使用固定式起重機乘載或吊升勞工從事作業，下列何者非為應採用的防止墜落措施？

①符合 CNS 14253-1 之全身背負式安全帶

②安全帽

③搭乘設備設置安全母索或防墜設施

④安全鏡片

解析　根據「起重升降機具安全規則」第 19 條第 2 項：

雇主對於前項但書所定防止墜落措施，應辦理事項如下：

一、以搭乘設備乘載或吊升勞工，並防止其翻轉及脫落。

二、搭乘設備需設置安全母索或防墜設施，並使勞工佩戴安全帽及符合國家標準 CNS 14253-1 同等以上規定之全身背負式安全帶。

三、搭乘設備之使用不得超過限載員額。

四、搭乘設備自重加上搭乘者、積載物等之最大荷重，不得超過該
　　起重機作業半徑所對應之額定荷重之 50%。

五、搭乘設備下降時，採動力下降之方法。

31

（ 3 ）　依「職業安全衛生設施規則」規定，下列哪些不屬車輛系營建機械？
　　　　①推土機　　　　　　　　②挖土斗
　　　　③堆高機　　　　　　　　④鏟土機

解析　根據「職業安全衛生設施規則」第 6 條：

本規則所稱車輛機械，係指能以動力驅動且自行活動於非特定場所
之車輛、車輛系營建機械、堆高機等。

前項所稱車輛系營建機械，係指推土機、平土機、鏟土機、碎物積
裝機、刮運機、鏟刮機等地面搬運、裝卸用營建機械及動力鏟、牽
引鏟、拖斗挖泥機、挖土斗、斗式掘削機、挖溝機等掘削用營建機
械及打樁機、拔樁機、鑽土機、轉鑽機、鑽孔機、地鑽、夯實機、
混凝土泵送車等基礎工程用營建機械。

堆高機不在上述車輛系營建機械範圍內。

32

（ 1 ）　動力堆高機之載物架，最多可載幾人？
　　　　①不可載人　　　　　　　②1
　　　　③2　　　　　　　　　　④3

解析　根據「職業安全衛生設施規則」第 116 條第 2 款：

雇主對於勞動場所作業之車輛機械，應使駕駛者或有關人員負責執
行下列事項：

二、車輛系營建機械及堆高機，除乘坐席位外，於作業時不得搭載
　　勞工。

33

（ 2 ）　雇主對於車輛系營建機械，為防止機械翻落危害勞工之措施，下列何者錯誤？
① 調查該作業場所地形狀況　　② 是否設置墜落防止裝置
③ 決定行徑路線及作業方法　　④ 調查該作業場所之地質

解析　根據「職業安全衛生設施規則」第 120 條：

雇主對於車輛系營建機械，如作業時有因該機械翻落、表土崩塌等危害勞工之虞者，應於事先調查該作業場所之地質、地形狀況等，適當決定下列事項或採必要措施，並將第 2 款及第 3 款事項告知作業勞工：

一、所使用車輛系營建機械之種類及性能。

二、車輛系營建機械之行經路線。

三、車輛系營建機械之作業方法。

四、整理工作場所以預防該等機械之翻倒、翻落。

34

（ 4 ）　雇主不得提供勞工起重吊掛作業使用之鋼索，下列何者為非？
① 鋼索一撚間有 10% 以上素線截斷者
② 已扭結者
③ 直徑減少達公稱直徑 7% 以上者
④ 塗上防鏽漆者

解析　根據「起重升降機具安全規則」第 68 條：

雇主不得以有下列各款情形之一之鋼索，供起重吊掛作業使用：

一、鋼索一撚間有 **10%** 以上素線截斷者。

二、直徑減少達公稱直徑 **7%** 以上者。

三、有顯著變形或腐蝕者。

四、已扭結者。

3-5 感電危害預防管理實務

01

(2) 接近架空電線作業，以下何者為不當行為？
① 於電路四周裝置絕緣用防護裝備或移開該電路
② 無絕緣被覆之架空電路下進行吊掛作業
③ 作業機械、車輛或勞工與帶電體保持規定之接近界限距離
④ 設置護圍、警戒隔離、監視人員

解析 根據「職業安全衛生設施規則」第 263 條：

雇主對勞工於架空電線或電氣機具電路之接近場所從事工作物之裝設、解體、檢查、修理、油漆等作業及其附屬性作業或使用車輛系營建機械、移動式起重機、高空工作車及其他有關作業時，該作業使用之機械、車輛或勞工於作業中或通行之際，有因接觸或接近該電路引起感電之虞者，雇主除應使勞工與帶電體保持規定之接近界限距離外，並應設置護圍、或於該電路四周裝置絕緣用防護裝備等設備或採取移開該電路之措施。但採取前述設施顯有困難者，應置監視人員監視之。

02

(1) 某建築工程於地面層設置多組配電箱，供各分包商使用，下列敘述何者錯誤？
① 配電箱設於室內乾燥場所，可不須設置接地線
② 配電箱應設置多組插座，以供施工人員使用
③ 配電箱應由專業技術人員管理，並上鎖管制
④ 配電箱內所有開關，均應有漏電斷路器裝置

解析 根據「職業安全衛生設施規則」第 239-1 條：

雇主對於使用之電氣設備，應依用戶用電設備裝置規則規定，於非帶電金屬部分施行接地。

03

(4) 電焊作業使用之焊接柄應注意防止感電之安全事項，下列敘述何者正確？
①焊接柄具有絕緣耐力，作業時應戴棉紗手套
②絕緣柄破損時，使用絕緣手套即可繼續作業
③焊接柄不具耐熱性，使用絕緣手套即可作業
④焊接柄彈簧有效緊夾焊條

| 解析　①電焊作業應佩戴專用絕緣手套。
　　　　②絕緣柄破損時，應即更換新品始可繼續作業。
　　　　③雇主對電焊作業使用之焊接柄，應有相當之絕緣耐力及耐熱性。

04

(2) 交流電焊機裝設自動電擊防止裝置，以抑制電焊機電源線間電壓應在多少以下？
① 35 伏特以下　　　　　② 25 伏特以下
③ 30 伏特以下　　　　　④ 24 伏特以下

| 解析　根據 CNS 4782 交流電焊機用自動電擊防止裝置，其安全電壓不應大於 25 伏特，且延遲時間應在 1.0±0.3 秒內。

05

(4) 都會區捷運潛盾隧道工程，常需設置 3,300 伏特高壓變電站，下列敘述何者正確？
①該工地有專任電氣技術人員即可
②該工地設置初、中、高級電氣技術人員皆可
③該工地應設置初級電氣技術人員
④該工地應設置中級電氣技術人員

| 解析　根據「職業安全衛生設施規則」第 264 條：

雇主對於裝有電力設備之工廠、供公眾使用之建築物及受電電壓屬高壓以上之用電場所，應依下列規定置專任電氣技術人員，或另委

託用電設備檢驗維護業，負責維護與電業供電設備分界點以內一般及緊急電力設備之用電安全：

一、低壓：600 伏特以下供電，且契約容量達 50 瓩以上之工廠或供公眾使用之建築物，應置初級電氣技術人員。

二、高壓：超過 600 伏特至 22,800 伏特供電之用電場所，應置中級電氣技術人員。

三、特高壓：超過 22,800 伏特供電之用電場所，應置高級電氣技術人員。

前項專任電氣技術人員之資格，依用電場所及專任電氣技術人員管理規則規定辦理。

06

（ 1 ） 依歐姆定律公式，當電阻固定時，電壓愈高，則電流為下列何者？
① 愈高　　　　　　　　② 相同
③ 愈低　　　　　　　　④ 不一定

解析　根據歐姆定律，電流 $I = \dfrac{V}{R}$ 電壓 (V) 單位為：伏特 (V)，電流 (I) 單位為：安培 (A)，電阻 (R) 單位為：歐姆 (Ω)。

電流與電壓成正比，與電阻成反比。

07

（ 1 ） 11,400 伏特的電壓屬於下列何者？
① 高壓電　　　　　　　② 特高壓電
③ 超高壓電　　　　　　④ 低壓電

解析　根據「職業安全衛生設施規則」第 3 條：

本規則所稱特高壓，係指超過 22,800 伏特之電壓；高壓，係指超過 600 伏特至 22,800 伏特之電壓；低壓，係指 600 伏特以下之電壓。

08

（ 2 ） 拆除結構物之作業為防止感電，下列敘述何者正確？
① 臨時配電於欲拆除牆面施工
② 切斷欲拆除牆面之電源並拆除設備及線路
③ 保留欲拆除牆面之電源以供電力
④ 拆除使用之破碎機，可使用原配置之電源

解析 根據「營造安全衛生設施標準」第 155 條：

雇主於拆除構造物前，應依下列規定辦理：

一、檢查預定拆除之各構件。

二、對不穩定部分，應予支撐穩固。

三、切斷電源，並拆除配電設備及線路。

四、切斷可燃性氣體管、蒸汽管或水管等管線。管中殘存可燃性氣體時，應打開全部門窗，將氣體安全釋放。

五、拆除作業中須保留之電線管、可燃性氣體管、蒸氣管、水管等管線，其使用應採取特別安全措施。

六、具有危險性之拆除作業區，應設置圍柵或標示，禁止非作業人員進入拆除範圍內。

七、在鄰近通道之人員保護設施完成前，不得進行拆除工程。

雇主對於修繕作業，施工時須鑿開或鑽入構造物者，應比照前項拆除規定辦理。

09

（ 3 ） 都會區捷運潛盾隧道工程，常需設置高壓變電站，下列敘述何者正確？
① 高壓變電站設置之隔離設施，頂部為利通風不可設置護蓋
② 高壓變電站四周應設置隔離設施以利放置電纜等材料
③ 高壓變電站隔離設施內應管制非工作人員不得進入
④ 高壓變電站應由專業人員管理，故不須上鎖

| 解析 | 根據「職業安全衛生設施規則」第 276 條：

雇主為防止電氣災害，應依下列規定辦理：

一、對於工廠、供公眾使用之建築物及受電電壓屬高壓以上之用電場所，電力設備之裝設及維護保養，非合格之電氣技術人員不得擔任。

二、為調整電動機械而停電，其開關切斷後，須立即上鎖或掛牌標示並簽章。復電時，應由原掛簽人取下鎖或掛牌後，始可復電，以確保安全。但原掛簽人因故無法執行職務者，雇主應指派適當職務代理人，處理復電、安全控管及聯繫等相關事宜。

三、發電室、變電室或受電室，非工作人員不得任意進入。

四、不得以肩負方式攜帶竹梯、鐵管或塑膠管等過長物體，接近或通過電氣設備。

五、開關之開閉動作應確實，有鎖扣設備者，應於操作後加鎖。

六、拔卸電氣插頭時，應確實自插頭處拉出。

七、切斷開關應迅速確實。

八、不得以濕手或濕操作棒操作開關。

九、非職權範圍，不得擅自操作各項設備。

十、遇電氣設備或電路著火者，應用不導電之滅火設備。

十一、對於廣告、招牌或其他工作物拆掛作業，應事先確認從事作業無感電之虞，始得施作。

十二、對於電氣設備及線路之敷設、建造、掃除、檢查、修理或調整等有導致感電之虞者，應停止送電，並為防止他人誤送電，應採上鎖或設置標示等措施。

10

（ 3 ） 漏電斷路器敘述何者正確？
①會造成漏電   ②會常常沒電
③漏電會斷電   ④斷電會漏電

解析 根據勞動部勞動及職業安全衛生研究所文獻資料：

漏電斷路器<mark>偵測漏電即會斷電</mark>。其動作原理如下圖所示，當電氣系統未發生故障時，通過零相比流器之電流為 0。當人體接觸帶電導體或接地故障發生時，通過零相比流器之導線電流和不為 0，電驛接收零相比流器之訊號立即動作切離電源。

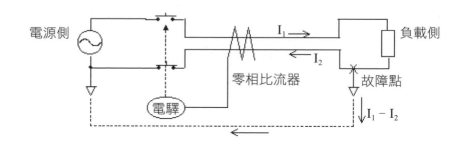

11

（ 3 ） 使用電線時要注意？
①剪掉插頭   ②放置地面
③不可破損   ④要用重物壓住

解析 根據勞動部勞動及職業安全衛生研究所文獻資料：

電氣設備絕緣劣化造成漏電為感電罹災最常見的原因之一，亦包含<mark>電線破皮</mark>。

為防止感電事故，應注意使用電動機具設備前，檢查線路絕緣，不可有破損情形。

12

(1) 避免感電如何處理？
①電路要經過漏電斷路器　　②喝酒
③使用安全帶　　④戴遮陽帽

解析 根據「職業安全衛生設施規則」第 243 條：

雇主為避免漏電而發生感電危害，應依下列狀況，於各該電動機具設備之連接電路上設置適合其規格，具有高敏感度、高速型，能確實動作之防止感電用漏電斷路器：

一、使用對地電壓在 150 伏特以上移動式或攜帶式電動機具。

二、於含水或被其他導電度高之液體濕潤之潮濕場所、金屬板上或鋼架上等導電性良好場所使用移動式或攜帶式電動機具。

三、於建築或工程作業使用之臨時用電設備。

13

(3) 交流電焊機本體要加裝何種設施？
①避雷針　　②漏電斷路器
③自動電擊防止裝置　　④防爆器

解析 根據「職業安全衛生設施規則」第 250 條：

雇主對勞工於良導體機器設備內之狹小空間，或於鋼架等致有觸及高導電性接地物之虞之場所，作業時所使用之交流電焊機，應有自動電擊防止裝置。但採自動式焊接者，不在此限。

14

（ 2 ）　交流電焊機裝自動電擊防止裝置有何用意？
①漏電　　　　　　　　　②不被電擊
③感電　　　　　　　　　④無法使用

解析　根據勞動部勞動及職業安全衛生研究所文獻資料：

自動電擊防止裝置原理是加裝另一具輔助變壓器輸出安全低電壓（25 伏特以下），在沒有進行焊接時，取代電焊機原有變壓器之輸出電壓。

依上述說明，交流電焊機裝自動電擊防止裝置是預防作業人員不被電擊。

15

（ 3 ）　以下何者非為營造工程臨時電源管理之正確作為？
①電源箱平時落實專人管理並上鎖
②設置具有高感度高速型之漏電斷路器
③臨時用電之插頭可裸接
④加裝絕緣被覆或以護板隔離

解析　根據「職業安全衛生設施規則」第 241 條：

雇主對於電氣機具之帶電部分（電熱器之發熱體部分，電焊機之電極部分等，依其使用目的必須露出之帶電部分除外），如勞工於作業中或通行時，有因接觸（含經由導電體而接觸者，以下同）或接近致發生感電之虞者，應設防止感電之護圍或絕緣被覆。

依上述說明，臨時用電之插頭裸接非為上述防止感電正確作為。

16

（ 1 ）　在高壓電線旁架設施工架應注意？
①先移設高壓電線　　　　②不理高壓電線
③摸摸看　　　　　　　　④以上皆是

解析 根據「營造安全衛生設施標準」第 59 條第 1 項第 6 款：

接近高架線路設置施工架，應先移設高架線路或裝設絕緣用防護裝備或警告標示等措施，以防止高架線路與施工架接觸。

17

(2) 電氣用手套最好的材質？
    ① 棉質   ② 橡膠
    ③ 石綿   ④ 尼龍

解析 根據勞動部勞動及職業安全衛生研究所文獻資料：

當電氣作業員戴橡膠手套可防止因手接觸或靠近帶電設備而發生感電事故。

18

(1) 用於避免感電的漏電斷路器額定動作電流要在多少毫安培以下？
    ① 30   ② 35
    ③ 40   ④ 45

解析 使用高感度及高速型漏電斷路器，才能符合「職業安全衛生設施規則」規定。

根據勞動部勞動及職業安全衛生研究所文獻資料，高感度及高速型漏電斷路器額定動作電流 30 mA 以下，及 0.1 秒內跳脫。

19

(2) 有關電氣安全，下列敘述何者錯誤？
    ① 220 伏特為低電壓
    ② 110 伏特之電壓不致造成人員死亡
    ③ 不可以濕手操作電氣開關，且切斷開關應迅速
    ④ 電氣室應禁止非工作人員進入

解析 手部潮濕作業時若不小心接觸 110 伏特之電壓，有可能因電流經過心臟導致人員死亡。

20

（ 2 ） 當電線溫度太高可能發生？
① 斷電
② 火災
③ 靈異事件
④ 墜落

解析 根據勞動部勞動及職業安全衛生研究所文獻資料：

電氣火災佔工業火災的 20%，兩大主因一為電氣設備安裝在危險場所；二為電氣設備超負荷發熱引燃可燃物。

電線熱量與電流平方成正比，電線使用超過其額定電流，電線絕緣被覆發熱融化，恐引發所謂電線走火造成火災。

21

（ 3 ） 活線作業時應配戴何種手套？
① 棉紗手套
② 耐熱手套
③ 絕緣手套
④ 防振手套

解析 根據「職業安全衛生設施規則」第 256 條：

雇主使勞工於低壓電路從事檢查、修理等活線作業時，應使該作業勞工戴用絕緣用防護具，或使用活線作業用器具或其他類似之器具。

22

（ 2 ） 在良導體機械設備內之檢修用照明燈具電壓不可超過多少伏特？
① 12
② 24
③ 48
④ 60

解析 根據「職業安全衛生設施規則」第 249 條：

雇主對於良導體機器設備內之檢修工作所用之手提式照明燈，其使用電壓不得超過 24 伏特，且導線須為耐磨損及有良好絕緣，並不得有接頭。

23

(4) 使用電線或延長線要注意？
　　①架高　　　　　　　　　②無破損
　　③有安全插頭　　　　　　④以上皆是

解析 勞工於作業中或通行時，<mark>有接觸絕緣被覆配線應採取防止絕緣被破壞或老化等致引起感電危害之設施</mark>。

電線或延長線往上架空或往下設置導線槽皆是預防絕緣被破壞方法。

24

(4) 使用電動工具要注意？
　　①防護罩完整　　　　　　②接地線接地
　　③機身良好　　　　　　　④以上皆是

解析 ① 防護罩完整：如研磨機需有防護罩。

② 接地線接地：使非帶電金屬部份之電位接近大地電位，以降低人員感電危險。

③ 機身良好：機身外殼無破損，使肢體不會接觸內側帶電體。

25

(3) 壓按漏電斷路器上之測試鈕用意為何？
　　①感電　　　　　　　　　②通電
　　③斷電　　　　　　　　　④沒有變化

解析 根據勞動部勞動及職業安全衛生研究所文獻資料：

電焊機加裝漏電斷路器，並每月至少壓按漏電斷路器上之測試鈕，以確認是否正常跳脫（<mark>斷電</mark>）。

26

（ 4 ） 電焊作業需設置哪項保護裝置？
①防塵口罩　　　　　　　　②自動電擊防止裝置
③防護面罩　　　　　　　　④以上皆是

解析　① 防塵口罩：電焊作業產生之金屬燻煙為粒狀物，需使用粒狀物呼吸防護具。

② 自動電擊防止裝置：交流電焊裝置自動電擊防止裝置，以降低感電風險。

③ 防護面罩：主要降低電弧光對眼睛之危害風險。

27

（ 4 ） 雇主於建築或工程作業使用之臨時用電設備，為避免因設備漏電而使勞工發生感電危害，於各該電動機具設備之連接電路上設置之漏電斷路器應具備何種規格？
①高敏感度　　　　　　　　②高速型
③能確實動作　　　　　　　④以上皆是

解析　根據「職業安全衛生設施規則」第 243 條：

雇主為避免漏電而發生感電危害，應依下列狀況，於各該電動機具設備之連接電路上設置適合其規格，具有高敏感度、高速型，能確實動作之防止感電用漏電斷路器：

一、使用對地電壓在 150 伏特以上移動式或攜帶式電動機具。

二、於含水或被其他導電度高之液體濕潤之潮濕場所、金屬板上或鋼架上等導電性良好場所使用移動式或攜帶式電動機具。

三、於建築或工程作業使用之臨時用電設備。

28

(3) 下列何者不是消除靜電之方法？

① 加濕
② 接地
③ 絕緣
④ 裝設靜電棒、靜電網

解析　根據「職業安全衛生設施規則」第 252 條：

雇主對於有發生靜電致傷害勞工之虞之工作機械及其附屬物件，應就其發生靜電之部份施行**接地**，使用**除電劑**、或裝設無引火源之**除電裝置**等適當設備。其餘如**加濕**、減少流速也是常見的靜電防止措施。

3-6 物體飛落等危害預防管理實務　甲 乙 丙

01

(3) 工作場所有物體飛落之虞時，應有防止飛落產生傷害之作為，以下何者為非？

① 安全移除可能飛落物體
② 供給勞工安全帽，並確實戴用
③ 穿著背負式安全帶
④ 設置防止物體飛落設備

解析　根據「職業安全衛生設施規則」第 281 條：

雇主對於在高度 2 公尺以上之高處作業，勞工有墜落之虞者，應使勞工確實使用安全帶、安全帽及其他必要之防護具，但經雇主採安全網等措施者，不在此限。

前項安全帶之使用，應視作業特性，依國家標準規定選用適當型式，對於鋼構懸臂突出物、斜籬、2 公尺以上未設護籠等保護裝置之垂直固定梯、局限空間、屋頂或施工架組拆、工作台組拆、管線維修作業等高處或傾斜面移動，應採用符合國家標準 CNS 14253-1 同等以上規定之全身背負式安全帶及捲揚式防墜器。

依上述說明，穿著背負式安全帶主要是為了防止人的墜落危害，而非物體飛落。

02

（ 3 ） 以下何者非工作場所有物體飛落之虞時應注意事項？
① 供給勞工安全帽，並確實戴用
② 禁止人員進入物體飛落區域
③ 作業人員應穿著有反光帶之施工背心
④ 設置攔截設備

解析　有導致勞工遭受交通事故之虞者，作業人員應穿著有反光帶之施工背心。

03

（ 4 ） 某建築工地正進行外部裝修帷幕牆吊裝作業，下列何者無法防止物體飛落事故？
① 帷幕牆吊耳應先檢查確認
② 吊裝作業前吊具應先確認無誤
③ 結構體吊掛點應先確認無誤
④ 作業人員正確佩戴使用安全帶

解析　根據「職業安全衛生設施規則」第 281 條：

雇主對於在高度 2 公尺以上之高處作業，勞工有墜落之虞者，應使勞工確實使用安全帶、安全帽及其他必要之防護具，但經雇主採安全網等措施者，不在此限。

前項安全帶之使用，應視作業特性，依國家標準規定選用適當型式，對於鋼構懸臂突出物、斜籬、2 公尺以上未設護籠等保護裝置之垂直固定梯、局限空間、屋頂或施工架組拆、工作台組拆、管線維修作業等高處或傾斜面移動，應採用符合國家標準 CNS 14253-1 同等以上規定之全身背負式安全帶及捲揚式防墜器。

依上述說明，作業人員正確佩戴使用安全帶主要防止墜落危害。

04

(2) 設置適當滑槽供高處投下物體，屬防止何種危害之設施？
　①物體倒塌　　　　　　　　②物體飛落
　③墜落　　　　　　　　　　④人員被撞

解析　根據「營造安全衛生設施標準」第 28 條：

雇主不得使勞工以投擲之方式運送任何物料。但採取下列安全設施者不在此限：

一、劃定充分適當之滑槽承受飛落物料區域，設置能阻擋飛落物落地彈跳之圍屏，並依第 24 條第 2 項第 2 款之規定設置警示線。

二、設置專責監視人員於地面全時監視，嚴禁人員進入警示線之區域內，非俟停止投擲作業，不得使勞工進入。

前項作業遇強風大雨，致物料有飛落偏離警示線區域之虞時，應即停止作業。

依上述 (一) 說明，設置適當滑槽供高處投下物體，屬於防止物體飛落危害設施。

05

(1) 下列哪種設備或措施，無法防止物體飛落災害發生？
　①作業人員佩戴使用安全帶　　②起重設備安全檢查
　③使用吊具安全檢查　　　　　④開口設置攔物用防護網

解析　根據「職業安全衛生設施規則」第 281 條：

雇主對於在高度 2 公尺以上之高處作業，勞工有墜落之虞者，應使勞工確實使用安全帶、安全帽及其他必要之防護具，但經雇主採安全網等措施者，不在此限。

前項安全帶之使用，應視作業特性，依國家標準規定選用適當型式，對於鋼構懸臂突出物、斜籬、2 公尺以上未設護籠等保護裝置之垂直固定梯、局限空間、屋頂或施工架組拆、工作台組拆、管線維

修作業等高處或傾斜面移動，應採用符合國家標準 CNS 14253-1 同等以上規定之全身背負式安全帶及捲揚式防墜器。

依上述說明，作業人員佩戴使用安全帶主要防止墜落危害。

06

(1) 鋼構建築使用移動式起重機吊裝鋼構時，下列敘述何者錯誤？

① 鋼構長度超過 6 公尺時，應於一端以拉索捆紮拉緊，保持平穩防止擺動

② 起重機作業時應指派專人負責指揮

③ 施工範圍應管制非作業人員不得進入

④ 安放鋼構時，應由側方及交叉方向安全支撐

解析 根據「營造安全衛生設施標準」第 148 條：

雇主對於鋼構吊運、組配作業，應依下列規定辦理：

一、吊運長度超過 6 公尺之構架時，應在適當距離之 2 端以拉索捆紮拉緊，保持平穩防止擺動，作業人員在其旋轉區內時，應以穩定索繫於構架尾端，使之穩定。

二、吊運之鋼材，應於卸放前，檢視其確實捆妥或繫固於安定之位置，再卸離吊掛用具。

三、安放鋼構時，應由側方及交叉方向安全支撐。

四、設置鋼構時，其各部尺寸、位置均須測定，且妥為校正，並用臨時支撐或螺栓等使其充分固定，再行熔接或鉚接。

五、鋼梁於最後安裝吊索鬆放前，鋼梁 2 端腹鈑之接頭處，應有 2 個以上之螺栓裝妥或採其他設施固定之。

六、中空格柵構件於鋼構未熔接或鉚接牢固前，不得置於該鋼構上。

七、鋼構組配進行中，柱子尚未於 2 個以上之方向與其他構架組配牢固前，應使用格柵當場栓接，或採其他設施，以抵抗橫向力，維持構架之穩定。

八、使用 12 公尺以上長跨度格柵梁或桁架時，於鬆放吊索前，應安裝臨時構件，以維持橫向之穩定。

九、使用起重機吊掛構件從事組配作業，其未使用自動脫鉤裝置者，應設置施工架等設施，供作業人員安全上下及協助鬆脫吊具。

07

(3) 山岳隧道洞口坡面保護工作之施作，下列敘述何者錯誤？
① 應自坡頂裝設垂直母索
② 於斜坡面作業之人員，應佩戴安全帶
③ 洞口上方設置護欄，可防止坡面石塊飛落
④ 隧道作業，皆應正確穿戴安全帽、反光背心

解析 根據「營造安全衛生設施標準」第 84 條：

雇主對於隧道、坑道作業，為防止隧道、坑道進出口附近表土之崩塌或土石之飛落致有危害勞工之虞者，應設置擋土支撐、張設防護網、清除浮石或採取邊坡保護。如地質惡劣時應採用鋼筋混凝土洞口或邊坡保護等措施。

設置護欄的目的在於防止勞工發生墜落危害，而非坡面石塊飛落。

08

(2) 吊運鋼筋時，應予紮牢以防滑落。鋼筋長度超過幾公尺時，應在適當距離之二端以吊鏈鉤住或拉索捆紮拉緊，保持平穩以防擺動？
① 3
② 5
③ 2
④ 4

解析 根據「營造安全衛生設施標準」第 129 條：

雇主對於從事鋼筋混凝土之作業時，應依下列規定辦理：

一、鋼筋應分類整齊儲放。

二、使從事搬運鋼筋作業之勞工戴用手套。

三、利用鋼筋結構作為通道時，表面應舖以木板，使能安全通行。

四、使用吊車或索道運送鋼筋時，應予紮牢以防滑落。

五、吊運長度超過 5 公尺之鋼筋時，應在適當距離之 2 端以吊鏈鈎住或拉索捆紮拉緊，保持平穩以防擺動。

六、構結牆、柱、墩基及類似構造物之直立鋼筋時，應有適當支持；其有傾倒之虞者，應使用拉索或撐桿支持，以防傾倒。

七、禁止使用鋼筋作為拉索支持物、工作架或起重支持架等。

八、鋼筋不得散放於施工架上。

九、暴露之鋼筋應採取彎曲、加蓋或加裝護套等防護設施。但其正上方無勞工作業或勞工無虞跌倒者，不在此限。

十、基礎頂層之鋼筋上方，不得放置尚未組立之鋼筋或其他物料。但其重量未超過該基礎鋼筋支撐架之荷重限制並分散堆置者，不在此限。

09

（ 2 ）　請問在吊掛長條形吊物時，吊掛人員應該怎麼做？

①以徒手去扶吊物，以方便控制吊物移動

②在吊物上綁牽引繩，人員用手拉繩控制

③站在吊物下方控制吊物

④站在吊物上方一同移動

解析　使用起重機吊掛長條形物料，作業人員為防止物料擺動、旋轉，須以外力控制其方向，肢體愈接近吊掛物料，受傷的風險愈高，應拉牽引繩輔助之。

10

（ 1 ）　開口護欄要有何種設施防止掉落東西？

①腳趾板　　　　　　　②天花板

③扶手　　　　　　　　④樓梯

解析　根據勞動部勞動及職業安全衛生研究所文獻資料：

腳趾板係指地面開口、牆開口、斜坡等邊緣，附加於護欄豎立的垂直擋板，以避免人員或物料掉落。

11

(4) 吊掛長型鋼構構架要設多少吊索？

① 1 條　　　　　　　　　② 2 條

③ 3 條　　　　　　　　　④ 4 條

解析 吊運寬度較小之長型鋼構構架，吊索 2 條即可。若比較寬應考量構架吊運平衡，採取 **4 條**吊索。

12

(3) 吊掛鋼筋可置放何處？

①施工架　　　　　　　　②安全支撐

③樓地板　　　　　　　　④以上皆是

解析 根據「營造安全衛生設施標準」第 35 條：

雇主對於磚、瓦、木塊、管料、鋼筋、鋼材或相同及類似營建材料之堆放，**應置放於穩固、平坦之處**，整齊緊靠堆置，其高度不得超過 1.8 公尺，儲存位置鄰近開口部分時，應距離該開口部分 2 公尺以上。

13

(1) 進入工地一定要穿戴何種防護具？

①安全帽　　　　　　　　②膠盔

③口罩　　　　　　　　　④手套

解析 根據「營造安全衛生設施標準」第 11-1 條：

雇主對於進入營繕工程工作場所作業人員，應提供適當**安全帽**，並使其正確戴用。

14

（ 1 ） 安全帽受到重大衝擊，外觀良好，應如何處理？
① 廢棄
② 繼續使用
③ 送修
④ 油漆

解析 根據勞動部勞動及職業安全衛生研究所文獻資料：

被物料衝擊過之安全帽（不論重量的大小），或高處掉落，恐有看不見的受損情形，此安全帽應汰換更新。

15

（ 4 ） 安全帽使用前應符合？
① 帽殼外表沒有凹陷或打洞、裂痕
② 符合 CNS 1336 工地用安全帽檢驗標準，並貼經濟部標準檢驗局之合格標籤
③ 邊緣用雙手往內壓然後放鬆，帽殼很快恢復至沒有壓縮前的形狀
④ 以上皆是

解析 根據「防護具選用技術手冊—安全帽」文獻資料：

一、工地用安全帽必須貼商檢局之標籤或正字標籤，表示通過檢驗。

二、將工地用安全帽之邊緣用雙手往內壓至 2.54 公分左右，然後在使安全帽不掉落下，鬆放雙手力量，此時帽殼應很快恢復至沒有壓縮前的形狀。

另外，安全帽不得有凹陷或打洞、裂痕等影響強度之狀態。

16

（ 4 ） 護欄前方幾公尺內之樓板、地板，嚴禁堆放任何物料、設備？
① 0.5 公尺
② 1 公尺
③ 1.5 公尺
④ 2 公尺

解析 根據「營造安全衛生設施標準」第 20 條第 7 款：

護欄前方 **2 公尺內之樓板、地板，不得堆放任何物料、設備**，並不得使用梯子、合梯、踏凳作業及停放車輛機械供勞工使用。但護欄高度超過堆放之物料、設備、梯、凳及車輛機械之最高部達 90 公分以上，或已採取適當安全設施足以防止墜落者，不在此限。

17

(3) 使用電梯井吊料不要有下列何種行為？
　　①注意重量　　　　　　　②使用安全帶
　　③抽菸　　　　　　　　　④戴安全帽

解析 根據「職業安全衛生設施規則」第 155-1 條第 2 款：

雇主使勞工以捲揚機等吊運物料時，應依下列規定辦理：

二、**吊掛之重量不得超過該設備所能承受之最高負荷**，並應設有防止超過負荷裝置。

根據「職業安全衛生設施規則」第 281 條第 1 項：

雇主對於在高度 2 公尺以上之高處作業，勞工有墜落之虞者，應使勞工確實**使用安全帶、安全帽**及其他必要之防護具，但經雇主採安全網等措施者，不在此限。

18

(1) 看到吊車吊料要注意？
　　①避開吊掛範圍　　　　　②幫忙指揮
　　③協助吊料　　　　　　　④以上皆是

解析 根據「營造安全衛生設施標準」第 144 條：

雇主對於模板之吊運，應依下列規定辦理：

一、使用起重機或索道吊運時，應以足夠強度之鋼索、纖維索或尼龍繩索捆紮牢固，吊運前應檢查各該吊掛索具，不得有影響強度之缺陷，且所吊物件已確實掛妥於起重機之吊具。

二、吊運垂直模板或將模板吊於高處時，在未設妥支撐受力處或安放妥當前，不得放鬆吊索。

三、吊升模板時，其下方不得有人員進入。

四、放置模板材料之地點，其下方支撐強度須事先確認結構安全。

19

（ 2 ） 在樓地板上看到預留開口要如何處理？
　① 蓋保麗龍　　　　　　　② 報告主管
　③ 不管它　　　　　　　　④ 跳過去

解析　根據「職業安全衛生管理辦法」第 81 條第 1 項：

勞工、主管人員及職業安全衛生管理人員實施檢查、檢點時，發現對勞工有危害之虞者，應即報告上級主管。

20

（ 4 ） 協助吊車吊料時要注意？
　① 取得吊掛證　　　　　　② 注意周遭人物
　③ 使用合適工具　　　　　④ 以上皆是

解析　依題意說明，其協助吊料人員應取得吊掛資格證明，方可協助吊掛作業，此外吊掛作業時也應注意周遭人車及電纜電線等狀況，避免發生危害。

21

（ 3 ） 護欄前方 2 公尺內之樓板及地板作業，何者為非？
　① 不得堆放任何物料、設備
　② 不得使用梯子、合梯、踏凳作業及停放車輛機械供勞工使用
　③ 可堆放之物料設備、梯、凳及車輛機械
　④ 將護欄設置高度超過堆放之物料、設備、梯、凳及車輛機械之最高部達 90 公分以上

解析 　根據「營造安全衛生設施標準」第 20 條第 7 款：

護欄前方 **2** 公尺內之樓板、地板，不得堆放任何物料、設備，並不得使用梯子、合梯、踏凳作業及停放車輛機械供勞工使用。但護欄高度超過堆放之物料、設備、梯、凳及車輛機械之最高部達 90 公分以上，或已採取適當安全設施足以防止墜落者，不在此限。

(3)　樓板開口敘述何者為非？
　　①應設高度 90 公分以上之護欄
　　②應設安全網
　　③拿模板蓋起來即可
　　④護蓋材質堅固並確實固定，不得有滑動或脫落之虞

解析 　根據「營造安全衛生設施標準」第 21 條：

雇主設置之護蓋，應依下列規定辦理：

一、應具有能使人員及車輛安全通過之強度。

二、應以有效方法防止滑溜、掉落、掀出或移動。

三、供車輛通行者，得以車輛後軸載重之 2 倍設計之，並不得妨礙車輛之正常通行。

四、為柵狀構造者，柵條間隔不得大於 3 公分。

五、上面不得放置機動設備或超過其設計強度之重物。

六、臨時性開口處使用之護蓋，表面漆以黃色並書以警告訊息。

依上述 (一) 說明，護蓋應具有能使人員及車輛安全通過之強度，不得隨便拿模板蓋起來即可。

23

（ 2 ） 以下關於置放高處，位能超過多少公斤 • 公尺之物件有飛落之虞者，應予以固定之？

① 6 　　　　　　　　　　② 12

③ 18 　　　　　　　　　　④ 24

解析 根據「營造安全衛生設施標準」第 26 條：

雇主對於置放於高處，位能超過 **12 公斤 • 公尺**之物件有飛落之虞者，應予以固定之。

24

（ 2 ） 有關於雇主設置覆網攔截位能小於 12 公斤 • 公尺之高處物件時，其強度應能承受直徑多少公分？重多少公斤之物體自高度 1 公尺處落下之衝擊力？

① 15、50 　　　　　　　　② 45、75

③ 30、60 　　　　　　　　④ 24、72

解析 根據「營造安全衛生設施標準」第 27 條第 1 款：

雇主設置覆網攔截位能小於 12 公斤 • 公尺之高處物件時，應依下列規定辦理：

一、方形、菱形之網目任一邊長不得大於 2 公分，其餘形狀之網目，每一網目不得大於 4 平方公分，其強度應能承受直徑 **45 公分**、重 **75 公斤**之物體自高度 1 公尺處落下之衝擊力，其張掛方式比照第 22 條第 1 款之安全網規定。

25

(3) 為預防捲揚機吊運物料時，造成的物體飛落職業災害，下列何者錯誤？

① 吊掛之重量不得超過該設備所能承受之最高負荷

② 吊鉤或吊具應有防止吊舉中所吊物體脫落之裝置

③ 吊運作業中應有人員在吊掛物下方監視

④ 應設防止過捲裝置

解析 依據「職業安全衛生設施規則」第 92 條：

雇主對於起重機具之運轉，應於運轉時採取防止吊掛物通過人員上方及人員進入吊掛物下方之設備或措施。

從事前項起重機具運轉作業時，為防止吊掛物掉落，應依下列規定辦理：

一、吊掛物使用吊耳時，吊耳設置位置及數量，應能確保吊掛物之平衡。

二、吊耳與吊掛物之結合方式，應能承受所吊物體之整體重量，使其不致脫落。

三、使用吊索（繩）、吊籃等吊掛用具或載具時，應有足夠強度。

26

(2) 下列關於安全網之設置，下列何者有誤？

① 安全網之材料及張掛方式應符合國家標準之規定

② 發現安全網有破損時，應即刻以防塵網修補後才能繼續使用

③ 為防止勞工墜落時之拋物線效應，使用於結構物四周之安全網，於攔截高度在 1.5 公尺以下者，至少應延伸 2.5 公尺

④ 工作面至安全網架設平面之攔截高度，不得超過 7 公尺

解析 依據「營造安全衛生設施標準」第 22 條：

雇主設置之安全網，應依下列規定辦理：

一、安全網之材料、強度、檢驗及張掛方式，應符合下列國家標準規定之一：

（一）CNS 14252。

（二）CNS 16079-1 及 CNS 16079-2。

二、工作面至安全網架設平面之攔截高度，不得超過 7 公尺。但鋼構組配作業得依第 151 條之規定辦理。

三、為足以涵蓋勞工墜落時之拋物線預測路徑範圍，使用於結構物四周之安全網時，應依下列規定延伸適當之距離。但結構物外緣牆面設置垂直式安全網者，不在此限：

（一）攔截高度在 1.5 公尺以下者，至少應延伸 2.5 公尺。

（二）攔截高度超過 1.5 公尺且在 3 公尺以下者，至少應延伸 3 公尺。

（三）攔截高度超過 3 公尺者，至少應延伸 4 公尺。

四、工作面與安全網間不得有障礙物；安全網之下方應有足夠之淨空，以避免墜落人員撞擊下方平面或結構物。

五、材料、垃圾、碎片、設備或工具等掉落於安全網上，應即清除。

六、安全網於攔截勞工或重物後應即測試，其防墜性能不符第一款之規定時，應即更換。

七、張掛安全網之作業勞工應在適當防墜設施保護之下，始可進行作業。

八、安全網及其組件每週應檢查一次。有磨損、劣化或缺陷之安全網，不得繼續使用。

3-7 火災爆炸危害預防管理實務　甲乙丙

01

(1) 以氧氣乙炔切割型鋼時，連接切割器之橡皮管竄出火苗，應優先採行措施為何？
① 關閉氧氣乙炔鋼瓶　　　② 儘速離開
③ 使用滅火器滅火　　　　④ 取水滅火

解析 應該先阻斷發生源，也就是先關閉氧氣乙炔鋼瓶阻斷洩漏出的乙炔，再進行後續的滅火動作。

02

(3) 下列何者非屬易發生火災之作業？
① 模板作業　　　　　　　② 電焊作業
③ 施工架組配作業　　　　④ 油漆作業

解析 模板是易燃物，而電焊容易產生高熱，油漆作業則容易產生易燃的有機溶劑氣體，火災之燃燒需要具備可燃物、助燃物、熱與連鎖反應，因此滿足其中條件即會容易發生火災。

03

(2) 隧道內有下列何種狀況時，使用之馬達用電設備、照明燈等應有防爆性能？
① 崩塌　　　　　　　　　② 可燃性氣體
③ 落磐　　　　　　　　　④ 湧水現象

解析 依據「職業安全衛生設施規則」第 177 條：
雇主對於作業場所有易燃液體之蒸氣、可燃性氣體或爆燃性粉塵以外之可燃性粉塵滯留，而有爆炸、火災之虞者，應依危險特性採取通風、換氣、除塵等措施外，並依下列規定辦理：

一、指定專人對於前述蒸氣、氣體之濃度，於作業前測定之。

二、蒸氣或氣體之濃度達爆炸下限值之 30% 以上時，應即刻使勞工退避至安全場所，並停止使用煙火及其他為點火源之虞之機具，並應加強通風。

三、使用之電氣機械、器具或設備，應具有適合於其設置場所危險區域劃分使用之防爆性能構造。

04

(3) 由木材、紙張、煤炭、橡膠及垃圾等一般可燃性固體物質所引起之火災係屬下列何類？

①丁 (D) 類火災　　　　　　②乙 (B) 類火災
③甲 (A) 類火災　　　　　　④丙 (C) 類火災

解析　**A 類（甲類）**：與固體材料有關，通常由於其有機特性，燃燒後會生成熾熱之餘燼。

B 類（乙類）：與油類或有機溶劑有關。

C 類（丙類）：與通電之電氣設備有關。

D 類（丁類）：與活性金屬有關。

05

(1) 下列何者不屬於隧道爆破作業時，可能發生之危害？

①異常氣壓　　　　　　　②崩塌、倒塌
③缺氧及有害氣體中毒　　④物體飛落

解析　由於隧道是密閉空間，爆破作業時不僅容易產生崩塌倒塌的危險，也可能會被飛落的物體擊中，以及缺氧及氣體中毒的危險。

06

(1) 油類發生火災不可如何處理？

①用水澆滅　　　　　　　②用砂撲滅
③用滅火器噴滅　　　　　④以上皆非

解析 　油類火災指的是可燃物液體如石油、或可燃性氣體如乙烷氣、或可燃性油脂如塗料等發生之火災。其最有效的是以掩蓋法隔離氧氣，使之窒熄。此外如移開可燃物或降低溫度亦可以達到滅火效果，<mark>絕對不能用水來撲滅</mark>。

07

(2) 使用氧氣乙炔作業時要有何種設施？
　①自動電擊防止裝置　　　②滅火器
　③避雷針　　　　　　　　④漏電斷路器

解析 　氧氣乙炔作業之潛在危害有①爆炸或火災②灼傷③中毒。

爆炸或火災：作業中之移動氧氣、乙炔鋼瓶，或安裝壓力調節器、橡皮管、切割器不良或遇撞擊等，均會產生洩漏而再遇火源則<mark>產生爆炸或火災</mark>。另乙炔熔接裝置在調節乙炔、氧氣流量時，如氧氣背壓過高，氧氣逆流致回火造成危險。

08

(1) 油漆桶發生火災，不宜使用下列何種滅火劑？
　①水　　　　　　　　　②乾粉
　③二氧化碳　　　　　　④泡沫

解析 　油漆塗料之火災為油類火災。其最有效的是以掩蓋法隔離氧氣，使之窒熄。此外如移開可燃物或降低溫度亦可以達到滅火效果，由於油漆等比重比水輕，為了避免火勢擴散，<mark>絕對不能用水來撲滅</mark>。

09

(4) 油漆作業潛在危害為何？
　①有機溶劑中毒　　　　②火災
　③墜落　　　　　　　　④以上皆是

| **解析** | 油漆為可以燃燒的有機溶劑，本身具有有機溶劑之毒性且遇火會產生火災，在作業的過程中因為常為高處作業，梯子之使用不慎亦會發生墜落災害。 |

10

（ 4 ）	要切割瓦斯管線時要注意？
①使用氧乙炔	②使用砂輪機
③使用電焊機	④確定無瓦斯殘留

| **解析** | 在進行管線拆離作業前，若沒有事先將管線清理乾淨，使得管線有可燃物質存在，在進行作業時，引燃可燃物質造成火災爆炸。 |

11

（ 2 ）	氧氣乙炔鋼瓶敘述何者有誤？
①使用時固定	②橫躺
③不可超過攝氏 40 度	④分開存放

| **解析** | 根據「職業安全衛生設施規則」第 108 條：

雇主對於高壓氣體之貯存，應依下列規定辦理：

一、貯存場所應有適當之警戒標示，禁止煙火接近。

二、貯存周圍 2 公尺內不得放置有煙火及著火性、引火性物品。

三、盛裝容器和空容器應分區放置。

四、可燃性氣體、有毒性氣體及氧氣之鋼瓶，應分開貯存。

五、應安穩置放並加固定及裝妥護蓋。

六、容器應保持在攝氏 40 度以下。

七、貯存處應考慮於緊急時便於搬出。

八、通路面積以確保貯存處面積 20% 以上為原則。

九、貯存處附近，不得任意放置其他物品。

十、貯存比空氣重之氣體，應注意低窪處之通風。 |

12

(2) 營建工地使用乙炔鋼瓶之安全管理，下列敘述何者正確？
① 使用時應平放於地面以免傾倒
② 乙炔鋼瓶及氧氣鋼瓶分開儲存
③ 鋼瓶可露天存放
④ 滅火器應固定於鋼瓶

解析 乙炔鋼瓶禁止平放避免滾動發生碰撞或回火引發爆炸。固定穩妥並有防止太陽直接照射之遮蔽物。隔離儲存、設置禁止煙火之警告標誌及適當之滅火器材。

13

(2) 可燃性氣體濃度達於爆炸下限多少％時，屬「職業安全衛生法」所稱有立即發生危險之虞之工作場所？
① 10　　　　② 30
③ 60　　　　④ 90

解析 根據「職業安全衛生法施行細則」第 25 條第 1 項第 4 款：
「職業安全衛生法」第 18 條第 1 項及第 2 項所稱有立即發生危險之虞時，指勞工處於需採取緊急應變或立即避難之下列情形之一：
四、於作業場所有易燃液體之蒸氣或可燃性氣體滯留，達爆炸下限值之 30% 以上，致有發生爆炸、火災危險之虞時。

14

(3) 電腦機房之電氣設備所引起之火災種類為下列何者？
① A 類　　　　② B 類
③ C 類　　　　④ D 類

解析 A 類：普通火災，如纖維、紙類、塑膠、木頭、棉紗…等。
B 類：油類火災，含有機溶劑、汽油等。

C 類：電氣火災，通電狀態之電氣設備。

D 類：金屬火災，如鉀、鈉等活性金屬之火災。

15

（ 4 ）　依「職業安全衛生設施規則」之規定，下列何者不是著火性物質？

① 金屬鉀　　　　　　　　　② 碳化鈣

③ 硫化磷　　　　　　　　　④ 硝化甘油

解析　根據「職業安全衛生設施規則」第 12 條：

本規則所稱著火性物質，指下列危險物：

一、金屬鋰、金屬鈉、金屬鉀。

二、黃磷、赤磷、硫化磷等。

三、賽璐珞類。

四、碳化鈣、磷化鈣。

五、鎂粉、鋁粉。

六、鎂粉及鋁粉以外之金屬粉。

七、二亞硫磺酸鈉。

八、其他易燃固體、自燃物質、禁水性物質。

16

（ 4 ）　依「職業安全衛生設施規則」規定，硝酸銨屬於下列何者？

① 爆炸性物質　　　　　　　② 著火性物質

③ 易燃液體　　　　　　　　④ 氧化性物質

解析　根據「職業安全衛生設施規則」第 14 條：

本規則所稱氧化性物質，指下列危險物：

一、氯酸鉀、氯酸鈉、氯酸銨及其他之氯酸鹽類。

二、過氯酸鉀、過氯酸鈉、過氯酸銨及其他之過氯酸鹽類。

三、過氧化鉀、過氧化鈉、過氧化鋇及其他無機過氧化物。

四、硝酸鉀、硝酸鈉、硝酸銨及其他硝酸鹽類。

五、亞氯酸鈉及其他固體亞氯酸鹽類。

六、次氯酸鈣及其他固體次氯酸鹽類。

此題為 2020 年黎巴嫩貝魯特港大爆炸之後，被熱烈討論的題目。

17

(4) 依「職業安全衛生設施規則」規定，乙烷屬於下列何者？

① 爆炸性物質　　　　　　　② 著火性物質

③ 易燃液體　　　　　　　　④ 可燃性氣體

解析　根據「職業安全衛生設施規則」第 15 條：

本規則所稱可燃性氣體，指下列危險物：

一、氫。

二、乙炔、乙烯。

三、甲烷、乙烷、丙烷、丁烷。

四、其他於一大氣壓下、攝氏 15 度時，具有可燃性之氣體。

18

(3) 下列何者非屬乙類危險性工作場所應檢查之火災爆炸危害預防設施？

① 危險物品倉庫之避雷裝置　　② 發火源之管制

③ 緊急沖淋設施　　　　　　　④ 防爆電氣設備

解析　根據「危險性工作場所審查及檢查辦法」第 11 條附件 7：

乙類工作場所應檢查之火災爆炸危害預防設施需要包含：

一、危險物品倉庫之避雷裝置。

二、發火源之管制。

三、靜電危害預防措施。

四、危險性蒸氣、氣體及粉塵濃度測定及管理。

五、危險物製造及處置場所之安全措施。

六、化學設備安全設施。

七、危險物乾燥室之結構。

八、危險物乾燥設備之安全設施。

九、電氣防爆設備。

緊急沖淋設施是為了遭到危害性化學品噴濺時的緊急處置設施，故選擇③。

19

（ 1 ） 易燃液體表面若有充分空氣遇到火源立即燃燒，且歷久不滅，此時該物質之最低溫度為下列何者？
①著火點
②閃火點
③發火溫度
④引火點

解析　一、閃火點（Flashing Point）：引火性液體遇到火源和適當之空氣表面可閃爍起火，但火焰不能繼續燃燒之最低溫度。

二、著火點（Fire Point）：引火性液體表面有充分空氣遇到火種即刻燃燒火焰歷久不滅之最低溫度。

引火性物質表面蒸發作用釋出的蒸氣，在空氣中擴散成為可燃的混合氣體，其濃度相當爆炸（燃燒）下限，此時液體之最低溫度稱為閃火點。此時，如繼續加熱使其液溫繼續以一定速率上升，如使其所產生之蒸氣與空氣混合氣，足以持續燃燒，而使火焰不再熄滅時之最低溫度即為其著火點。

20

（ 4 ） 下列敘述何者錯誤？
①易燃液體的沸點愈低，愈易蒸發，發生火災爆炸的可能性愈高
②大部分易燃液體的比重比水低，且不易溶於水
③物質的燃燒熱愈大者，在火災爆炸的過程危害程度愈大
④物質的爆炸下限愈高者，其爆炸範圍愈廣，愈危險

解析　爆炸下限數字愈小表示該物質易於爆炸；（爆炸上限－爆炸下限）／爆炸下限＝危險指數，危險指數愈高愈危險。此外爆炸上限為 100% 者則多數為不穩定物質，可能會產生分解爆炸、聚合爆炸等。

爆炸界限又稱爆炸範圍、燃燒範圍、燃燒界限等。可燃性氣體與助燃性氣體混合時，必須在一恰當濃度範圍內方能燃燒或爆炸，例如甲烷在空氣中之爆炸界限約為 4.7% ～ 14%。該界限之最高百分比稱爆炸上限，最低百分比稱爆炸下限。當混合濃度在爆炸上限以上或爆炸下限以下時，皆不會燃燒也不會爆炸。其原因係因濃度過高或過低時，將造成可燃氣體分子與氧分子碰撞機會減少，產生之反應熱小於所散失者，無法使燃燒之連鎖反應持續進行。

因此氣體或蒸氣之下限越低越危險，上下限範圍越寬越危險。

3-8 職業病預防管理實務　甲 乙 丙

(含缺氧、局限空間、高氣溫及人因性危害)

01

(2) 以下何者是消除職業病發生率之源頭管理對策？
　　①健康檢查　　　　　　　②改善作業環境
　　③多喝牛奶　　　　　　　④使用個人防護具

解析　預防職業病發生應依序考量發生源、傳播路徑及人，因此應優先進行作業環境改善，若發生源或傳播路徑改善不可行時，最後才考量與人有關的健康檢查及個人防護具等設施。

02

(1) 下列何者不屬於局限空間作業之危害防止計畫應訂定事項？
　　①作業工期及費用
　　②人員進入作業許可程序
　　③通風換氣實施方式
　　④氧氣、危險物、有害物濃度測定

解析　根據「職業安全衛生設施規則」第 29-1 條：

雇主使勞工於局限空間從事作業前，應先確認該局限空間內有無可能引起勞工缺氧、中毒、感電、塌陷、被夾、被捲及火災、爆炸等危害，有危害之虞者，應訂定危害防止計畫，並使現場作業主管、監視人員、作業勞工及相關承攬人依循辦理。

前項危害防止計畫，應依作業可能引起之危害訂定下列事項：

一、局限空間內危害之確認。

二、局限空間內氧氣、危險物、有害物濃度之測定。

三、通風換氣實施方式。

四、電能、高溫、低溫與危害物質之隔離措施及缺氧、中毒、感電、塌陷、被夾、被捲等危害防止措施。

五、作業方法及安全管制作法。

六、進入作業許可程序。

七、提供之測定儀器、通風換氣、防護與救援設備之檢點及維護方法。

八、作業控制設施及作業安全檢點方法。

九、緊急應變處置措施。

03

（ 4 ） 下列何種作業容易發生缺氧危害？

①隧道洞口噴漿作業 　　　　②鋼構建築物

③鋼構建築焊接作業 　　　　④橋梁井式基礎內作業

解析　根據「缺氧症預防規則」第 2 條第 2 項第 2 款：

缺氧危險作業，指於下列缺氧危險場所從事之作業：

貫通或鄰接下列之一之地層之水井、坑井、豎坑、隧道、沉箱、或類似場所等之內部。

一、上層覆有不透水層之砂礫層中，無含水、無湧水或含水、湧水較少之部分。

二、含有亞鐵鹽類或亞錳鹽類之地層。

三、含有甲烷、乙烷或丁烷之地層。

四、湧出或有湧出碳酸水之虞之地層。

五、腐泥層。

依上述說明，橋梁井式基礎若貫穿或鄰接上述地層，作業人員於坑井內恐有缺氧危險之虞。

04

（ 1 ） 以下何者非為山岳隧道作業勞工可能出現之職業病？
① 潛水夫症　　　　　　　② 職業性皮膚病
③ 聽力損失　　　　　　　④ 塵肺症

解析 異常氣壓作業減壓不當導致潛水夫症，根據「異常氣壓危害預防標準」第 2 條：

本標準所稱異常氣壓作業，種類如下：

一、高壓室內作業：指沉箱施工法或壓氣潛盾施工法及其他壓氣施工法中，於表壓力超過大氣壓之作業室或豎管內部實施之作業。

二、潛水作業：指使用潛水器具之水肺或水面供氣設備等，於水深超過 10 公尺之水中實施之作業。

依上述說明，山岳隧道作業若無上述異常氣壓作業，理論上工作者不會罹患潛水夫症。而因為隧道粉塵多，容易有塵肺症以及皮膚病，另外噪音也嚴重影響聽力。

05

（ 1 ） 營造業勞工在夏季酷熱環境下作業，因未採取適當保護措施時，易罹患之病狀，下列何者為非？
① 白血病　　　　　　　　② 熱衰竭
③ 熱痙攣　　　　　　　　④ 中暑

解析 根據勞動部資訊：

夏季期間戶外作業勞工朋友，務必記得多喝水、多休息、要遮陽，並注意身體狀況，以避免因身體溫度上升導致熱疾病。

上述熱疾病包含橫紋肌溶解症、熱衰竭、熱痙攣或中暑。

06

（ 4 ） 我國目前職業病必須由專家判定，下列何者非屬判定條件？
① 曾經在有害因子的環境下工作
② 發病必須在接觸有害因子之後
③ 工作場所中有害因子確實存在
④ 起因與非職業原因有關

解析 根據勞動部職業安全衛生署文獻資料：

職業病判定有下列 5 大原則：

一、發病之證據：診斷職業病的先決條件，必須要有疾病的發生。

二、暴露之證據：工作場所中有害因子確實存在且曾經在有害因子的環境下工作。

三、發病時序性：發病必須在接觸有害因子之後。

四、文獻一致性：起因與職業原因有關的重要依據。

五、排除其他因素：除上述因素之考量外，另須合理排除其他可能之致病因子，才能判斷疾病的發生是否係由職業原因所引起。

07

（ 3 ） 為防止缺氧、中毒危害，於汙水管道連接井清理作業時應採取之措施，何者錯誤？
① 作業人員佩戴背負式安全帶並使用捲揚式防墜器
② 作業前先開啟前後人孔，並設置通風設施
③ 使用防塵口罩
④ 作業前應測定連接井內有害氣體濃度

解析 根據職業安全衛生署之「呼吸防護計畫及採行措施指引」：

缺氧環境或有害物濃度達到立即危害時，應選用：

一、正壓或壓力需求型輸氣管面罩＋輔助呼吸器。

二、全面體正壓或壓力需求型自攜呼吸器。

依上述說明，防塵口罩適合之環境應為粉塵作業場所，故選③。

08

（ 4 ） 從事水箱作業時，要有何主管監督才可作業？

① 有機溶劑作業　　　　　　　② 鉛作業

③ 粉塵作業　　　　　　　　　④ 缺氧作業

｜解析　一般而言，水箱屬於較密閉的空間，內部有可能因通風不良或鐵質水箱的氧化作用，造成勞工進入箱內導致缺氧事故。

09

（ 4 ） 工作場所空氣中含氧量應在多少以上？

① 21%　　　　　　　　　　② 20%

③ 19%　　　　　　　　　　④ 18%

｜解析　根據「缺氧症預防規則」第 3 條：

本規則用詞，定義如下：

一、缺氧：指空氣中氧氣濃度未滿 **18%** 之狀態。

二、缺氧症：指因作業場所缺氧引起之症狀。

依上述說明，工作場所空氣中含氧量應在 18% 以上。

10

（ 4 ） 有關勞工須從事局限空間作業時，雇主應派員使其接受何者有害作業主管安全衛生教育訓練？

① 有機溶劑作業主管　　　　　② 鉛作業主管

③ 粉塵作業主管　　　　　　　④ 缺氧作業主管

｜解析　根據「職業安全衛生設施規則」第 19-1 條：

本規則所稱局限空間，指非供勞工在其內部從事經常性作業，勞工進出方法受限制，且無法以自然通風來維持充分、清淨空氣之空間。

依據上述，在局限空間從事有機溶劑、鉛或粉塵作業，將有缺氧、中毒危害之虞。但最危險應屬缺氧危害，故應優先派員接受缺氧作業主管教育訓練，便於現場指揮、監督作業。

11

（ ２ ） 依「勞工健康保護規則」規定，作業場所勞工噪音暴露工作日時量平均音壓級在多少分貝以上即屬於特別危害健康作業？

① 80 ② 85
③ 90 ④ 115

| 解析 根據「勞工健康保護規則」第 2 條：

勞工噪音暴露工作日 8 小時日時量平均音壓級在 **85 分貝**以上之噪音作業，即屬於特別危害健康作業。

12

（ １ ） 不適當姿勢作重複性之動作容易造成下列何種傷害？

①人因工程 ②化學性
③生理性 ④生物性

| 解析 過度施力、重複性作業或不適當姿勢等因子會導致人因工程（累積性肌肉骨骼疾病）。

13

（ ４ ） 缺氧作業有因缺氧而發生墜落時，應使用哪些工具？

①梯子 ②安全帶
③救生索 ④以上皆是

| 解析 根據「缺氧症預防規則」第 26 條：

雇主使勞工從事缺氧危險作業，勞工有因缺氧致墜落之虞時，應供給該勞工使用之梯子、安全帶或救生索，並使勞工確實使用。

14

(2) 局限空間作業中排氣裝置故障時勞工須如何處置？
① 不理會繼續工作
② 退避至安全無虞之場所
③ 與其他同仁更換作業場所
④ 以上皆非

│解析 排氣裝置故障將使從事該作業之勞工有立即發生缺氧危險之虞，應
使從事該作業之全部勞工即刻退避至安全無虞之場所。

15

(2) 通風不充份之場所，使用氬、二氧化碳或氦等從事熔接作業時，
應如何保持作業場所空氣中氧氣含量在 18% 以上？
① 備妥滅火器　　　　　　② 適當換氣
③ 派員監視作業　　　　　④ 以上皆是

│解析 根據「缺氧症預防規則」第9條：

雇主使勞工於儲槽、鍋爐或反應槽之內部或其他通風不充分之場
所，使用氬、二氧化碳或氦等從事熔接作業時，應予適當換氣以保
持作業場所空氣中氧氣濃度在 18% 以上。但為防止爆炸、氧化或作
業上有顯著困難致不能實施換氣者，不在此限。

雇主依前項規定實施換氣時，不得使用純氧。

16

(2) 依「缺氧症預防規則」之規定，雇主使勞工從事缺氧危險作業時，
應指派幾人以上之監視人員，隨時監視作業狀況？
① 不需派員　　　　　　② 1人
③ 2人　　　　　　　　④ 法無規定

|解析　根據「缺氧症預防規則」第 21 條：

雇主使勞工從事缺氧危險作業時，應指派 1 人以上之監視人員，隨時監視作業狀況，發覺有異常時，應即與缺氧作業主管及有關人員聯繫，並採取緊急措施。

17

（ 1 ）　從事缺氧危險作業時，應予：

① 適當換氣，以保持該作業場所空氣含氧量 18% 以上

② 可不必通風換氣，打開人孔蓋，自然通風即可

③ 只要測定空氣含氧量 18% 以上即可，不必通風換氣

④ 為防止爆炸、氧化或作業上有顯著困難，可不必實施換氣，戴防毒面具即可

|解析　根據「缺氧症預防規則」第 5 條：

雇主使勞工從事缺氧危險作業時，應予適當換氣，以保持該作業場所空氣中氧氣濃度在 18% 以上。但為防止爆炸、氧化或作業上有顯著困難致不能實施換氣者，不在此限。

雇主依前項規定實施換氣時，不得使用純氧。

18

（ 1 ）　下列何者非為職業病預防之危害因子？

① 遺傳性疾病　　　　　　　　② 物理性危害

③ 生物性危害　　　　　　　　④ 化學性危害

|解析　依致病成因可區分為：

一、物理性，如使用鑿岩機作業造成白指症。

二、化學性，如吸入化學溶劑或是有毒物質，如塵肺病。

三、生物性，如病毒、細菌，使醫護人員在工作中因針扎感染到相關疾病。

四、**人因性**，如坐椅，器械設計不良，引發工作者肌肉骨骼疾病，如腕隧道症候群。

五、**心理性**，如職場暴力、性騷擾、工作壓力，引發過勞死、精神疾病等心理問題。

因此職業病的危害因子，並沒有遺傳性疾病，也就是非危害因子。

19

（ 4 ） 下列何項應公告於缺氧危險作業場所使勞工周知？
①缺氧症注意事項　　　　②缺氧作業應著用裝備
③缺氧作業主管姓名　　　④以上皆是

│解析 根據「缺氧症預防規則」第 18 條：

雇主使勞工於缺氧危險場所或其鄰接場所作業時，應將下列注意事項公告於作業場所入口顯而易見之處所，使作業勞工周知：

一、**有罹患缺氧症之虞之事項**。

二、進入該場所時應採取之措施。

三、事故發生時之緊急措施及緊急聯絡方式。

四、**空氣呼吸器等呼吸防護具**、安全帶等、測定儀器、換氣設備、聯絡設備等之保管場所。

五、**缺氧作業主管姓名**。

雇主應禁止非從事缺氧危險作業之勞工，擅自進入缺氧危險場所；並應將禁止規定公告於勞工顯而易見之處所。

20

（ 2 ）　雇主對於工作場所有生物病原體危害之虞者，應採取感染預防措施之敘述，下列何者錯誤？
①相關機械、設備、器具等之管理及檢點
②物理性環境監測
③警告傳達及標示
④感染預防教育訓練

解析　根據「職業安全衛生設施規則」第 297-1 條第 1 項：

雇主對於工作場所有生物病原體危害之虞者，應採取下列感染預防措施：

一、危害暴露範圍之確認。

二、相關機械、設備、器具等之管理及檢點。

三、警告傳達及標示。

四、健康管理。

五、感染預防作業標準。

六、感染預防教育訓練。

七、扎傷事故之防治。

八、個人防護具之採購、管理及配戴演練。

九、緊急應變。

十、感染事故之報告、調查、評估、統計、追蹤、隱私權維護及紀錄。

十一、感染預防之績效檢討及修正。

十二、其他經中央主管機關指定者。

01

(1) 職業災害統計中 SR 為下列何種意思之縮寫？
　　①失能傷害嚴重率　　　　②失能傷害頻率
　　③災害千人率　　　　　　④總合傷害指數

解析　一、失能傷害頻率（Disabling Frequency Rate, FR）
　　　　二、失能傷害嚴重率（**Disabling Severity Rate, SR**）

02

(1) 下列何者非為造成肌肉骨骼傷害原因？
　　①性別　　　　　　　　　②工作頻率
　　③工作及休息安排　　　　④工作姿勢

解析　工作的頻率、姿勢及休息狀況長期以來，工作所累積的疲勞會傷害
　　　　人體健康，這類型的傷害多發生在身體的軟組織上，例如肌肉、肌
　　　　腱、神經及血管，泛稱為「肌肉骨骼傷害」，主要症狀是發炎、疼
　　　　痛，並使受影響部位的運動功能降低。

03

(3) 勞動檢查機構辦理下列何種檢查、鑑定、分析等事項，依現行勞動
　　　　法令規定，得由中央主管機關所屬勞動及職業安全衛生研究所或其
　　　　他學術、研究機構提供必要之技術協助？
　　　　①危險性機械或設備檢查
　　　　②處理勞動條件秘密申訴案件
　　　　③職業災害檢查
　　　　④勞動基準法令規定事項之檢查

解析　依據「勞動檢查法」第 24 條：

勞動檢查機構辦理職業災害檢查、鑑定、分析等事項，得由中央主管機關所屬勞動部勞動及職業安全衛生研究所或其他學術、研究機構提供必要之技術協助。

04

（ 3 ） 發生職業災害時，除必要之急救、搶救外，雇主非經哪個單位許可，不得移動或破壞現場？
① 工程監造單位
② 勞動部
③ 司法機關或勞動檢查機構
④ 工程主辦機關

解析 依據「職業安全衛生法」第 37 條：

事業單位工作場所發生職業災害，雇主應即採取必要之急救、搶救等措施，並會同勞工代表實施調查、分析及作成紀錄。

事業單位發生第 2 項之災害，除必要之急救、搶救外，雇主非經司法機關或勞動檢查機構許可，不得移動或破壞現場。

05

（ 2 ） 職業災害原因分析時，將管理不良歸屬下列何者？
① 直接原因　　　　　　② 基本原因
③ 不安全狀況　　　　　④ 間接原因

解析 基本原因（**Basic Causes**）：由於潛在管理系統的缺陷，造成管理上的缺失，進而導致不安全行為或不安全狀態的產生，最後因人員接觸或暴露於有害物質，造成意外事故的發生。

06

（ 1 ） 我國營造業十大危險工作，罹災比例最高者為？
　①屋頂工作人員　　　　　　②模板人員
　③營建工程清潔人員　　　　④焊接及切割人員

| **解析** 屋頂作業是最危險的作業項目之一。幾乎 5 分之 1 的墜落死亡事故起因於**屋頂開口、邊緣墜落或踏穿屋頂墜落**，而且有更多嚴重傷害造成永久的肢體傷害。其中踏穿易碎的屋頂材料如採光罩、石綿瓦或塑膠製浪板為最主要的災因。這些意外可能發生於屋頂工程各個作業過程中，從最簡單的修理到大規模的建築過程皆有可能發生墜落事故。

07

（ 1 ） 下列何者非職業災害須具備之要件？
　①通勤上班途中　　　　　　②具有工作者身份
　③在勞動場所發生或作業活動　④疾病、傷害、失能或死亡

| **解析** 職業災害（俗稱工傷或公傷）定義為「因**勞動場所**之建築物、機械、設備、原料、材料、化學品、氣體、蒸氣、粉塵等或**作業活動及其他職業上原因**引起之**工作者之疾病、傷害、失能或死亡**」。因此職業災害須具備下列三要件：

一、須在勞動場所發生或作業活動及其他職業上原因。

二、具有工作者身份。

三、產生疾病、傷害、失能或死亡等結果。

如果缺少一個條件就不能稱為職業災害。

08

(1) 下列有關職業災害調查必要對象之敘述，何者有誤？
　　　①勞動檢查員　　　　　　　②工會代表
　　　③有關部門主管人員　　　　④工作場所負責人或雇主

解析　根據「勞動檢查法」第 15 條第 1 項：

勞動檢查員執行職務時，得就勞動檢查範圍，對事業單位之<u>雇主</u>、<u>有關部門主管人員</u>、<u>工會代表</u>及<u>其他有關人員</u>為下列行為：

一、詢問有關人員，必要時並得製作談話紀錄或錄音。

二、通知有關人員提出必要報告、紀錄、工資清冊及有關文件或作必要之說明。

三、檢查事業單位依法應備置之文件資料、物品等，必要時並得影印資料、拍攝照片、錄影或測量等。

四、封存或於掣給收據後抽取物料、樣品、器材、工具，以憑檢驗。

09

(4) 職業災害造成事業單位之損失，可分為直接損失及間接損失，下列何者屬間接損失？
　　　①罹災勞工之醫療費用　　　②罹災勞工之法定補償費用
　　　③罹災勞工之工資損失　　　④造成事業單位形象受損

解析　一、直接損失（Direct Costs）：

發生意外事故所造成的金錢直接損失（例如：工人的補償金及醫療費）。

二、間接損失（Indirect Costs）：

間接傷害亦稱為隱藏性損失，係指直接損失外，另由雇主負擔的損失。（例如：補償給付以外的薪水、管理者進行事故調查所衍生的成本、事故發生時參與搶救和觀察傷者以致停工所造成的時間損失，甚至<u>企業形象低落</u>的影響）。

10

（ 1 ） 發生死亡職災雇主應多久內報告勞檢機構？

① 8 小時內　　　　　　② 12 小時內

③ 24 小時內　　　　　④ 30 小時內

解析　　「職業安全衛生法」第 37 條：

事業單位勞動場所發生下列職業災害之一者，雇主應於 **8** 小時內通報勞動檢查機構：

一、發生死亡災害。

二、發生災害之罹災人數在 3 人以上。

三、發生災害之罹災人數在 1 人以上，且需住院治療。

11

（ 4 ） 下列發生何種職業災害，依法應予通報？

①死亡災害

②災害之罹災人數在 3 人以上

③災害之罹災人數在 1 人以上，且需住院治療

④以上均需通報

解析　　「職業安全衛生法」第 37 條：

事業單位勞動場所發生下列職業災害之一者，雇主應於 8 小時內通報勞動檢查機構：

一、發生死亡災害。

二、發生災害之罹災人數在 3 人以上。

三、發生災害之罹災人數在 1 人以上，且需住院治療。

12

（ 2 ）　勞工如於職業災害期間不能工作，需請假就醫或治療，其請假期間
　　　薪資應如何計算？

①不給薪　　　　　　　　　②給全薪

③給半薪　　　　　　　　　④給 1/3 薪

解析　勞工因職業災害治療休養，依「勞工請假規則」第 6 條規定，雇主應給
予公傷病假，該假並無期間限制。而且在公傷病假醫療休養期間無法
工作者，不應視為缺勤而影響其年終考核獎金之發給及晉薪之機會。

依「勞動基準法」第 59 條第 2 款：「勞工在醫療中不能工作時，雇
主應按其原領工資數額予以補償。」故雇主於勞工公傷不能工作期
間，應全額給付工資，而同條文亦明定：「依勞工保險條例或其他法
令規定，已由雇主支付費用補償者，雇主得予以抵充之」。

13

（ 4 ）　依「職業災害勞工保護法施行細則」規定，未加入勞工保險而遭遇
　　　職業災害之勞工，且雇主未依「勞動基準法」規定予以補償時，得
　　　比照「勞工保險條例」之標準申請職業災害死亡補助，其中申請補
　　　助之第一順位為何？

①兄弟、姊妹　　　　　　　②祖父母

③父母　　　　　　　　　　④配偶及子女

解析　勞工遭遇職業傷害或罹患職業病而死亡時，雇主除給與 5 個月平均
工資之喪葬費外，並應一次給與其遺屬 40 個月平均工資之死亡補
償。其遺屬受領死亡補償之順位如下：

一、配偶及子女。

二、父母。

三、祖父母。

四、孫子女。

五、兄弟姐妹。

14

（ ３ ） 某一勞工於工地從事貼磁磚作業時，由二樓陽臺墜落至一樓，造成大腿骨折，該名勞工之雇主將該勞工送醫治療，確定該勞工需要住院治療後，雇主應於幾小時內通報勞動檢查機構？

① 24 小時　　　　　　　　② 48 小時

③ 8 小時　　　　　　　　 ④ 12 小時

解析　「職業安全衛生法」第 37 條：

事業單位勞動場所發生下列職業災害之一者，雇主應於 8 小時內通報勞動檢查機構：

一、發生死亡災害。

二、發生災害之罹災人數在 3 人以上。

三、發生災害之罹災人數在 1 人以上，且需住院治療。

15

（ ２ ） 勞工因遭遇職業災害，在醫療中不能工作時，雇主對其工資補償補償方式為何？

①按其原領工資數額打對折作為補償

②按其原領工資數額作為補償

③雇主已補償其必需之醫療費用，所以就不用補償工資

④補償 1/3 工資

解析　勞工在醫療中不能工作時，雇主應按其原領工資數額予以補償。但醫療期間屆滿 2 年仍未能痊癒，經指定之醫院診斷，審定為喪失原有工作能力，且不合第 3 款之失能給付標準者，雇主得一次給付 40 個月之平均工資後，免除此項工資補償責任。

16

（ 4 ） 某一營造工程公司之勞工 A 君於營造工地工作時，發生物體飛落之輕傷害，經雇主送醫治療後隨即出院回到工地，試問雇主應於幾小時內報告勞動檢查機構？

① 8
② 12
③ 24
④ 無須通報

解析　根據「職業安全衛生法」第 37 條：

事業單位勞動場所發生下列職業災害之一者，雇主應於 8 小時內通報勞動檢查機構：

一、發生死亡災害。

二、發生災害之罹災人數在 3 人以上。

三、發生災害之罹災人數在 1 人以上，且需住院治療。

由上述說明得知，輕傷害事件無須通報勞動檢查機構。

17

（ 2 ） 事業單位勞動場所如發生死亡職業災害，雇主應於 8 小時內報告哪一單位？

① 勞動部
② 勞動檢查機構
③ 警察局
④ 地檢署

解析　「職業安全衛生法」第 37 條：

事業單位勞動場所發生下列職業災害之一者，雇主應於 8 小時內通報勞動檢查機構：

一、發生死亡災害。

二、發生災害之罹災人數在 3 人以上。

三、發生災害之罹災人數在 1 人以上，且需住院治療。

（ 4 ） FMEA 為下列何種評估方法之縮寫？
　　①初步危害分析　　　　　　②危害及可操作性分析
　　③故障樹分析　　　　　　　④失誤模式與影響分析

| 解析　一、檢核表（Checklist）。

二、如果 - 結果分析（What If）。

三、如果 - 結果分析 / 檢核表（What If/Checklist)。

四、危害及可操作性分析（Hazard and Operability Studies, HAZOP）。

五、故障樹分析（Fault Tree Analysis, FTA）。

六、失誤模式與影響分析（**Failure Modes and Effects Analysis, FMEA**）。

19

（ 2 ） 職業災害統計中 FR 為下列何種意思之縮寫？
　　①失能傷害嚴重率　　　　　②失能傷害頻率
　　③災害千人率　　　　　　　④總合傷害指數

| 解析　一、失能傷害頻率（**Disabling Frequency Rate, FR**）

二、失能傷害嚴重率（Disabling Severity Rate, SR）

（ 3 ） 在合梯上工作因感電而墜落時，災害類型為？
　　①墜落　　　　　　　　　　②跌倒
　　③感電　　　　　　　　　　④不當動作

| 解析　若於合梯上碰觸電源線之裸銅線帶電體，造成感電後自合梯墜落至地面，是因感電造成墜落，故歸類為感電。

21

（ 3 ） 下列何者為職業災害？
①產業活動之財物損失 　　②非上班時間交通事故
③工作者人身傷害 　　　　④無工作者受傷之火災

解析 依據「職業安全衛生法」第2條第5款：

職業災害：指因勞動場所之建築物、機械、設備、原料、材料、化學品、氣體、蒸氣、粉塵等或作業活動及其他職業上原因引起之工作者疾病、傷害、失能或死亡。

22

（ 2 ） 依災害類型分類說明表，因施工架或建築物等之崩塌、倒塌而碰撞人體之情況，屬下列何種災害類型？
①被撞 　　　　　　　②物體倒塌、崩塌
③物體飛落 　　　　　④墜落

解析 依勞動部「職業安全衛生法指定填報之事業單位職業災害統計」之名詞解釋：

一、被撞：指除物體飛落、物體倒崩、崩塌外，以物為主體碰觸到人之情形。

二、物體倒塌、崩塌：指堆積物（包括內含）、施工架、建築物等崩落碰觸到人之情形。

三、物體飛落：指以飛行物、落下物為主體碰觸到人之情形。（含研削物破裂、切斷片、切削粉飛來，及自持物落下之情形；又容器破裂應分類為物體破裂）。

四、墜落、滾落：指人從樹木、建築物、施工架、機械、搭乘物、階梯、斜面等落下情形。（不含交通事故）（感電墜落應分類為感電。）

23

(1) 一般統計分析過去職業災害原因，下列何者所占比例最高？
　　　 ① 不安全行為　　　　　　② 不安全設備
　　　 ③ 天災　　　　　　　　　④ 職業病

| **解析**　依勞動部勞動及職業安全衛生研究所統計結果顯示：

一、製造業重大職災前五大分類行業為金屬製造業、非金屬礦物製品
　　製造業、機械設備製造業、塑膠製品製造業及基本金屬製造業，
　　其災害媒介物以一般動力機械、金屬材料及堆高機佔多數。

二、全產業重大職災媒介物前三名為：屋頂、屋架及梁；開口部
　　份；以及施工架，其主要原因是不安全行為，在設備缺失上以
　　未設置安全裝置、未穿戴安全帶或未穿戴安全帽為主。

(4) 下列何者非屬於「職業安全衛生法」所稱之職業災害？
　　　 ① 勞工於噴漆時有機溶劑中毒　　② 勞工因工作罹患疾病
　　　 ③ 勞工維修機器感電死亡　　　　④ 化學工廠爆炸至居民死傷多人

| **解析**　「職業安全衛生法」第 2 條第 1 項第 1 款、第 5 款：

一、工作者：指勞工、自營作業者及其他受工作場所負責人指揮或
　　監督從事勞動之人員。

五、職業災害：指因勞動場所之建築物、機械、設備、原料、材
　　料、化學品、氣體、蒸氣、粉塵等或作業活動及其他職業上原
　　因引起之工作者疾病、傷害、失能或死亡。

故職業災害的地點必須為勞動場所，主體必須為工作者，造成的結
果必須為疾病、傷害、失能或死亡。

3

營造業管理實務－職業災害調查處理與統計

職安一點通｜職業安全衛生業務主管必勝 500 精選｜營造業甲乙丙種適用(第二版)

作　　者：蕭中剛 / 江軍 / 徐英洲 / 葉日宏
企劃編輯：郭季柔
文字編輯：江雅鈴
設計裝幀：張寶莉
發 行 人：廖文良

發 行 所：碁峰資訊股份有限公司
地　　址：台北市南港區三重路 66 號 7 樓之 6
電　　話：(02)2788-2408
傳　　真：(02)8192-4433
網　　站：www.gotop.com.tw
書　　號：ACR010831
版　　次：2023 年 11 月二版
建議售價：NT$300

國家圖書館出版品預行編目資料

職安一點通：職業安全衛生業務主管必勝 500 精選(營造業甲乙
　丙種適用) / 蕭中剛, 江軍, 徐英洲, 葉日宏著. -- 二版. --
　臺北市：碁峰資訊, 2023.11
　　面；　　公分
　　ISBN 978-626-324-641-6(平裝)
　　1.CST：工業安全　2.CST：職業衛生
555.56　　　　　　　　　　　　　　　112015859